いま読む！名著

アダム・スミス『国富論』を読み直す

井上義朗
Yoshio INOUE

「新しい働き方」の経済学

現代書館

いま読む！名著

「新しい働き方」の経済学

アダム・スミス『国富論』を読み直す

＊

目次

序章

「新しい働き方」の時代へ

「働き方改革」は成功するか

今、日本人の「働き方」に注意の目が向けられている。日本の職場ではこれまで、たとえば長時間労働に耐えること、給料に文句を言わないこと、命令いぜんに空気で判断すること、こういった事柄が常識とされ、また美徳ともされてきた。しかし、果てしない長時間労働や、やり場のないストレスは、いつしか働く人々の心身をむしばみ、もはや美徳と言っていては済まされない、取り返しのつかない事態まで招くようになった。日本人の働く環境は、どこか根本的におかしいのではないか。景気の話とは裏腹に、多くの日本人は、そうした疑問を日々抱きながら、毎日の職業生活を送っている。

こうした状況を背景に、政府は二〇一六年八月「働き方改革担当大臣」を新たに任命し、一〇回にわたる「働き方改革実現会議」を行い、二〇一七年三月『働き方改革実行計画』を答申した。『働き方改革実行計画』では、長時間労働の是正、非正規労働者の待遇改善、同一労働同一賃金の実現、労働生産性の向上、女性が働きやすい職場環境の実現など、いずれもこれまで日本経済が黙認してきた、過酷な労働環境の是正を掲げている。と同時に、これらの状況を改善することで労働インセンティブを高め、それを梃子に、少子高齢化時代に対応した経済成長力を作り出そうとする意図も伺われる。

労働環境と経済成長のどちらに主眼を置くかによって、こうした政策の意義は大きく変わってくるだろう。他方で、こうした労働環境をめぐる問題は、一見別々の問題のように見えながら、じつは、相互に密接につながっている問題であることも忘れてはならない。すなわち、男性優位の労働市場、非正規労働の極端な低賃金、果てしない企業間競争、将来を絶望視させるほどの長時間労働、これらはみな氷山の一角として、水面上に顔を覗かせている部分にすぎないのであって、その下には、経済メカニズムという氷山の本体が潜んでいるのである。だから、これらの対策を個々単発に行うだけでは、大きな効果は期待できない。それどころか、場合によっては、思わぬしっぺ返しを受けないとも限らない。

たとえば、『働き方改革実行計画』のなかには、企業間の競争維持を暗黙の前提に、労働生産性の向上と、長時間労働の是正とが、同時並行的な課題として位置づけられている。一般的に、長時間労働は、生産性の低さを労働時間で補おうとした結果として理解されているから、この二つの問題に同時に取り組むことは、しごく真っ当な判断にも見える。しかし、そこには次のような問題がありうることも、わたしたちは知っておく必要がある。

そもそも、生産性が向上するとは、同じだけの生産物を得るのに、今までより少ない資源で済むようになることを言う。ここで言う資源には、石油や鉄、小麦や砂糖などの物的資源はもちろん、人的資源としての労働力も含まれる。つまり、生産性が向上するとは、労働力も含めて、資源投入量が少なくて済むようになることを言うのであり、たとえば生産性が二倍になるとは、同じだけの生産物を得るのに、労働時間が今までの半分で済むようになることを言うのである。

しかし、同じだけの生産物を、半分の労働時間で得られるということは、逆に、今までと同じだけの労働時間を投入すれば、これまでの二倍の生産物が得られるということだろう。これは、生産性を生産力に変えることを意味するもので、生産性の唯一の使い方でもなければ、生産性の本来の趣旨でもない。しかし、これをやれば、費用を増やさずに生産量を二倍にすることができ、それだけ利益も、マーケットシェアも、大きくすることができるだろう。これは、企業にとって大きな魅力に違いない。

あるいは、自分の会社は、生産性を労働時間の短縮に使いたくても、ライバル会社は、生産性を生産量の増加に使ってくるかもしれない。これをそのまま見過ごせば、自社のシェアは確実に奪われることになるだろう。だとしたら、自社も好むと好まざるとにかかわらず、同じ手に打って出るしか、つまり、生産性を生産力に変えるしかないだろう。そして、これと同じことを、ライバル会社も考えているに違いない。自分たちは、生産性の上昇を労働時間の短縮に活かしたいのだけれども、相手も同じ選択をするとは限らないから、仕方なく、生産量の増加を決意するのである。

かくして、せっかく生産性が上昇したにもかかわらず、労働時間は短縮されない。むしろ、相手が攻勢に出てくることを互いに警戒する結果、双方が双方とも、労働時間を長くしておこうとするだろう。そして、それはおそらく功を奏するのであって、翌月の営業成績を見れば、労働時間を長くしておいたおかげで、かろうじて劣勢に回る事態を防ぐことができたと、双方で胸を撫で下ろしているに違いない。

こうした、いわゆる囚人のジレンマ的なメカニズムが、現実に機能しているとしたら（それは、相当程度ありそうなことだと思う）、生産性の上昇は、労働時間の短縮をもたらさない。それどころか、生産性の上昇こそが、労働時間を長くする原因になるかもしれない。なぜと言って、そうしなければ、企業は競争に生き残っていくことが、できないからである。

「生産性」と「競争」と「労働時間」のあいだには、たとえば、こうした目に見えないメカニカルな結びつきがありうるのである。だから、個々別々には望ましく思われる政策でも、それらを同時に行おうとすると、現実がそれに反発してくる可能性があるのである。この場合、企業が労働時間の短縮を、自分の方から始めることは難しいだろう。なぜと言って、このメカニズムの下では、先に労働時間の短縮を始めた方が、確実に不利になるからである。それは、企業がみな強欲だから、あるいは、血が通っていないからではない（少なくとも、それだけではない）。この冷徹なメカニズムが、労働時間を先に減らすことを、企業に躊躇させているのである。

ゆえに、この場合には、すべての企業がいっせいに労働時間を短縮することが必要になる。それ以外に、この先手必敗のジレンマから逃れることは難しいだろう。したがって、今回の「働き方改革」のように、これを政策的に上からいっせいに行おうとすることには、一定の合理性があると言えるだろう。

しかし、それを成功させるためには、同じ条件下での労働時間短縮を、それこそ一社の例外も認めずに、いっせいに行わなくてはならない。政府はこれを、罰則を科してでも実施するとしているが、その施策が支持を得るためには、企業にとっても、労働者にとっても、よほど納得のいくものでなければならない。政府には、熟議を尽くした、慎重な制度設計が求められるだろう。

「働き方」とは、そもそも何を意味したか

労働環境をめぐる問題は、経済メカニズムという巨大な氷山の、それぞれの一角として、水面上

に顔を覗かせている部分である。したがって、労働環境をめぐる問題を根本から解決するためには、この水面下に隠れている、氷山のかたちを変えなければならない。そして、経済という氷山にかたちを与え、これを支えているのが、わたしたちの日々の労働、すなわち、現在の日本の「働き方」である。経済という氷山を変えることができるのは、じつは、わたしたちの「働き方」なのである。喫緊の具体策を考えることももちろん重要だが、それと同時に、あるいはそれ以上に、改革の全体を導くものとして、新しい「働き方」を構想することが、本当は何よりも必要なのである。

新しい「働き方」を構想するとはしかし、あまりにも遠大な話に聞こえるだろう。実際、ただ座して頭をひねっていても、それでもってすぐに、新しい「働き方」が見えてくるはずもない。では、どうしたらよいか。諦めてしまうしかないだろうか。あるいは、「新しい働き方」が今すぐ思いつかないのなら、考える仕方を変えてみてはどうだろうか。すなわち、少し目線を引いてみて、「働く」とはそもそもどういうことであったかを、今一度考え直すところから、始めてみてはどうだろうか。

「働く」とは、そもそも何をすることだったろうか。それは金儲けをすることだったろうか。それとも、自分にもできるささやかなことを通じて、社会に参加することだったろうか。あるいは、「働く」とは一人で行うものだったろうか、それとも何人かで集まって行うものだったろうか。人が集まって「働く」とすれば、やがてそこに「企業」が生まれることだろう。「働く」ことの意味を考え直すとは、「企業」の意味を考え直すことでもあるのである。では「企業」とは、そもそも何だろうか。「企業」とは、利益をあげる道具を意味するものだったろうか、それとも、一人では無理なことを、仲間を集めてやり遂げるための場所を意味するものだったろうか。

こういうことを、一度徹底して考え直すためには、つい最近の本を読むよりも、思い切って、人類の知的遺産とも言うべき古典を紐解いてみるのがいい。古典は、今すぐに役立つ処方箋を示してくれるものではない。古典は今、どの時代にも、どの状況にも当てはまる、事柄の本質を思い出させてくれるものである。労働について、企業について、改めてその本質を考え直そうというとき、古典は、今なお多くの示唆を、わたしたちに与えてくれるだろう。

たとえば、カール・マルクス『資本論』は、今こそ読み返されるべき古典中の古典と言っていいだろう。いろいろな先入観を捨てて、あくまでも一冊の本として向き合ってみれば、『資本論』が与えてくれる知見には、いまだに計り知れないものがあるだろう。あるいは、マックス・ウェーバー『プロテスタンティズムの倫理と資本主義の精神』に立ち返って、「勤勉さ」にすがりつかずにはいられなかった人々の、心の内を探るのもいいだろう。あるいは、ハンナ・アレント『人間の条件』やミシェル・フーコー『監獄の誕生』といった本も、(この場合は)「働くこと」の意味を読み取るという先入見を持って臨めば、そのブリリアントな思考に目のくらむ思いがするだろう。

古典は、ゆっくりと時間をかけて、一行一行注意深く、丁寧に読むのがいい。そうすれば、何年前の本であろうと、何世紀経った本であろうと、わたしたちが今考えるべきことを、古典はきっと囁きかけてくれるだろう。

そこで本書は、今の日本の「働き方」を考え直すために、アダム・スミスの『国富論』(一七七六年刊)を読んでみようと思う。『国富論』は経済学の原点であると同時に、社会科学最大の古典である。経済学はもとより、近代社会科学そのものが、『国富論』から始まったと言っても過言ではない。近代社会において人々が「働く」とは、近代経済において「企業」を営むとは、いったいどのような意味を持つことだったのか。この、経済の原点とも言うべき問いを再考しようとするとき、『国富論』にまさる古典はないと言っていいだろう。

『国富論』の再読へ：本書の構想

『国富論』は、その正式な書名を『諸国民の富の本質と原因に関する一考察』（*An Inquiry into the Nature and Causes of the Wealth of the Nations*）という。まさしく、富の本質と原因について、当時の通説に惑わされずに、徹底的に考え抜いた書物が『国富論』である。その論旨を一文一文丁寧に追っていけば、それだけで、今日の思考としても、すこぶる得るところの大きい書物と言っていいだろう。ただし、本書では『国富論』を、従来の読み方とは少し違う角度から読んでみようと思う。

『国富論』は、「国を豊かにするにはどうしたらよいか」について書かれた書物である。しかし、その場合の「豊かさ」とは、「あり余るほどの物資に囲まれること」でもなければ、「豊かな者をもっと豊かにする」ということでもない。スミスの言う「富」とは、たかだか生活上の「必需品と便益品」のことにすぎない。その程度のものを持つことを、彼はわざわざ「豊かさ」と言っているのである。だとしたら、スミスにおいて「豊かさ」を失うとは、贅沢ができなくなるという程度の話では済まされずに、それはいきなり「貧しくなる」ことを意味するのではないだろうか。

言い換えれば、『国富論』において「国が豊かになる」とは、国が富裕になることをはじめから意味するものではなくて、まずは、「国のすべての人を貧しさから解放する」ことを意味していたのではないだろうか。そして、人々を貧困から解放するためには、社会が、あるいは経済が、どのように変わらなければならないかを論じた書物、それが『国富論』ではなかったかと思うのである。敢えて一言で言えば、『国富論』とは本当は、「貧困論」ではなかったかと思うのである。

本書の考察は、この一点に絞られる。そこで以下、本書の概要について、述べておこう。

第1章ではまず、『国富論』を「貧困論」として読む根拠を考える。そして、「貧困論」という角度から読み直してみた場合、『国富論』の内容がどのように再構成されるかについて検討する。その場合の鍵を握るのは、やはり「分業論」である。どのような解釈を行った場合でも、スミスの思想の鍵を握るのは「分業」である。ただし、本書では、この分業を、生産性の向上手段としてのみ理解することはせず、これを、人々が自分の個性に合わせて労働に参加する機会、という意味合いに捉え直してみようと思う。人々が、自分なりの仕方で、社会に参加する機会を持てるということ。これが何より、人を、そして社会を、貧困から遠ざける鍵になると考えるのである。

第2章では、第1章で再構成した『国富論』の世界が、あるいはその理想が、なぜそのまま、今日の資本主義の現実にならなかったかを考える。『国富論』が描く本来の市場経済と、その後の現実である資本主義経済とは、似て非なる二つの世界である。この二つの世界が、どこでどうして食い違ったのかを、経済学の理論と歴史を織り交ぜながら考えてみる。この章はやや理論的な内容になるけれども、『国富論』と現代との距離を正しく測ることが、『国富論』を今に活かすための第一歩になることを示したいと思う。そして、これは筆者個人の解釈になるけれども、市場経済と資本主義経済の違い（の曖昧さ）が、じつは今日の「競争」の概念に紛れ込んで、わたしたちの経済認識を、少なからず混乱させている可能性があることについても論じようと思う。競争には、これも似て非なる、コンペティションとエミュレーションという、二つの概念があると思うのである。

第3章では、第2章で検討した市場経済の理念を覆したものとして、改めて「規模の経済性（スケールメリット）」について考えてみる。規模の経済性は今日、効率性と豊かさの主力要因と考えられている。しかし、『国富論』を「貧困論」として読むとき、そして人々を貧困から解放する契機として「分業」を意味づけようとするとき、規模の経済性は、それに対する最大の脅威であったことを示そうと思う。

ただし、第3章の主題は、このこと以上にむしろ次の点に置かれる。すなわち、この規模の経済性を十二分に発揮させるものとして、資本主義経済は「株式会社」という革新を生み出したものと考えられている。しかしながら、それは「株式会社」にもともと期待された役割とは、少し違うものであったことを論じたいと思う。それどころか、株式会社とはむしろ、スミスの意味での市場経済を、資本主義経済の下で回復させるための試みであったことを論じようと思う。ここで議論は、「働く」ことの意味から「企業」の意味へ、バトンタッチする。

第4章では、論点を現代に置き、この株式会社の起源を、もしかしたらよみがえらせるかもしれない存在として、「社会的企業」という新しい企業を取り上げてみようと思う。社会的企業とは、福祉・教育・環境といった、従来なら政府か、あるいはNPO・NGOしか取り組むことのなかった社会的課題に対して、これを企業の本業として引き受け、しかも、自らの事業収入によって、こうした問題に取り組んでいこうとする民間企業体のことを言う。この「NPOでもなければ、株式会社でもない」不思議な企業は、いったい何者なのだろうか。

この章では、いったん『国富論』から離れ、社会的企業について、少し立ち入った考察を試みてみる。すなわち、社会的企業とは何か。なぜそうした試みが、いま、世界中で広がりつつあるのか。社会的企業を代表するアメリカとヨーロッパではどのような違いがあるか。そして、日本にも社会的企業は存在するのかどうかについて検討する。そして、もしかしたらここにこそ、「新しい企業」と「新しい働き方」へのヒントが隠されているかもしれないことを論じたいと思う。それはどこか、『国富論』の世界を彷彿とさせる風景である。なぜ、そのように感じるのか。議論は、いよいよ終章に向かう。

終章では、この最後の論点について、集中的に論じようと思う。『国富論』と社会的企業がなぜ、そしてどこで結びつくのか。『国富論』の理想は、資本主義の歴史のなかでいったん挫折したかに見えたが、それが今、もしかしたらよみがえろうとしているのかもしれない。そして、その先鋒を担うのが、社会的企業なのかもしれない。なぜと言って、社会的企業は、社会的に排除されがちな人々に対して、その個性に応じて社会に参加するための、新たな機会を開くものだからである。これは単なる夢想なのか、それとも実現性のある可能性なのか。終章では、この可能性の方に賭けた議論を展開してみようと思う。

本書の議論は、けっして決定的なものではない。いろいろな可能性のなかの一つ、二つを、想像力を逞しくして論じてみたものにすぎない。それが何ほどか、思考の材料を提供しているかどうか。

その判断は、読者に俟つ他はない。

遠い昔の古典と現代の先端企業がはからずも遭遇したとき、そこにはどんな光景が広がるのだろうか。それは、わたしたちの「働き方」と「生き方」に、新しい光を投げかけるものだろうか。さっそく、検討を始めてみよう。

第1章

『国富論』を読む

経済学史における不朽の名著『国富論』は、
どの時代にも繰り返し読み直され常に論争の種になってきた。
近年でもグローバル社会における経済、貿易、政治を検証していく際に
様々なところで参照されてきたことは記憶に新しい。
しかし本書は、ここでかつてない視点を導入し、『国富論』を「貧困論」として
読むという提案をしてみたい。つまり、『国富論』を
「人は何を手に入れれば豊かになれるか」を語ろうとした書物としてではなく、
「人は何を失ったら貧困になるのか」を語ろうとしていた書物として
新しい視点で読み直してみようと思うのである。
『国富論』理論のエッセンスである「分業と協業」も、その視点から見たときに、
従来の解釈とは違った別の側面を見せるはずだ。

1 『国富論』とは、どのような書物だったか

『国富論』は貧困の定義から始まる

アダム・スミスは、『国富論』を次の一文から始めている。

> 国民の年々の労働は、その国民が年々消費する生活の必需品と便益品のすべてを本来的に供給する源であって、この必需品と便益品は、つねに、労働の直接の生産物であるか、またはその生産物によって他の国民から購入したものである。[*1]
>
> したがって、この生産物またはそれで購入されるものの、これを消費するはずの人々の数にたいして占める割合が大きいか小さいかにおうじて、国民が必要とするすべての必需品と便益品が十分に供給されるかどうかが決まるであろう。[*2]

これは、『国富論』のなかで、おそらくもっとも引用されることの多い一文である。すなわち、わたしたちの生活に必要な必需品と便益品は、すべて、わたしたちの労働によって作り出されるのであって、それらは、わたしたちがちょくせつ作り出したものか、あるいは、他人の生産物を交換を通じて手に入れたものである。そして、必需品と便益品の数が、それを必要とする人の数よりも

多ければ、すべての人が必需品と便益品を手にすることが可能になり、逆に、物資の数が人の数より少なければ、最低限の必需品と便益品すら手に入れられない人が、どこかにかならず現れることになる。

最低限の必需品すら手に入れられない生活、それはまさしく「貧困」である。そういう人々がいっぽうに現れる国や社会は、他方でいくらお金持ちが金銀財宝をため込んでいたとしても、それはけっして豊かな国、豊かな社会とは言えない。この一文は、「豊かさ」を金銀財宝と同一視しがちだったそれまでの通念から解放し、豊かさを人々が毎日の生活に必要な物資に恵まれていることとして捉え直した、画期的な第一歩として理解されているが、それは同時に、スミスによって捉えられた「貧困」の定義にもなっていることを、見逃してはいけないだろう。

『国富論』は、一般的に、国の「富」について考えようとした書物として、あるいは、国がますます「豊か」になるにはどうしたらよいかについて、歴史上はじめて、体系的に明らかにした書物として受け止められている。だからこそ、『国富論』は、経済学の原点と言われるのである。およそすべての論点で対立し合う経済学派のあいだでも、『国富論』から経済学が始まったという認識については、意見を異にすることはない。本書とて、『国富論』に経済学の原点を求める点では、従来の解釈に異を唱えるものではない。そのうえで本書は、『国富論』を「人は何を手に入れたら豊かになれるか」を語ろうとした書物としてよりも、「人は何を失ったら貧困になるのか」を語ろうとした書物として、読み直してみようと思うのである。貧困とは、単に、生活物資の不足を言うものなのか（先の一文は、スミスがいかにもそうした理解をしていたように思わせるだろう）、それとも、人々が生活物資に事欠くようになるその原因の部分に、真の貧困を見出そうとした書物だったのか。本書は、この一点に解釈の重心を置いて『国富論』を読み直し、そこから何ほどか現在的な含意を読み取ろうとする試みである。

「必需品と便益品」とは、それを手にしたからといって、自分が豊かになったと実感させるようなものでは、普通ない。だが、それを失ったら、人はたちどころに、自分が貧困の瀬戸際に立たされていることを知るだろう。スミスが敢えて、富の本質を必需品と便益品に求めたこと。この選択には、今だからこそその真意をくみ取れる、重要な視点が隠されていたように思われるのである。

スミスの貧困認識

さて、『国富論』は、その文面を追う限り、基本的に必需品と便益品の量で、国富の大小が測られるとする姿勢を一貫させているように見える。このことは、これから見ていくように、『国富論』の基本概念や理論構造を理解するうえで、決定的に重要な条件と言える。しかし、だとしたら、『国富論』がかりに貧困を問題にしていたとしても、それはいわゆる物質的貧困に限定されるのではないか。あるいは今日的な表現で言えば、生活に必要な物資が絶対量で不足する絶対的貧困が、『国富論』の捉え得た貧困の限界なのではないかと、早々に予感されてくる。

じじつ、スミスから始まる経済学は、一九世紀末に至ってもなお、絶対的貧困の解消をもって貧困問題の解決とする感性を残しており、それはおおむね、初期の新古典派経済学に共有された傾向だった。一九世紀末と言えば、豊かさの絶頂のようにも言われた時代であって、それでもなお貧困者がいるとすれば、それは、相対的な所得分配に問題があることは明らかであったにもかかわらず、アルフレッド・マーシャルをはじめとする新古典派経済学者の基本的な姿勢は、（教育の公費化の主張などを踏まえてもなお）絶対的貧困の解消にあり、所得格差そのものの是正、すなわち、相対的貧困の解消に眼目を置くものではなかった。

ではスミスの場合、貧困を物質的貧困以外の側面で捉えることはまったくなかったかと言えば、これがけっしてそうではないのである。このことは、彼の「必需品」の捉え方に端的に表われてくる。たとえば、スミスは、「必需品」を次のように定義する。

> 私が必需品という場合、それは、生活を維持するために必要不可欠の財貨だけではなく、その国の習慣からして、たとえ最下層の人々でも、それがなければまともな人間としては見苦しいようなものすべてをふくむ。[*3]
>
> それだから、必需品という場合、私は自然が最下層階級の人々にとって必要たらしめているものだけではなしに、体裁をととのえるうえでの決まった生活習慣が必要だとしているものをふくめて考える。[*4]

つまりスミスは、最小限の食べ物とか、最低限の着る物といったような、それがなければすぐに死んでしまうような、生命維持レベルの物資のことだけを「必需品」と呼んでいたわけではないのである。そうではなくて、それを持っていないと、「まともな人間」として他人から見てもらえなくなりそうな、あるいは人並みの人に思われなくなりそうな、そういう物品と（その物品を持っているという事実によって証明される）暮らしぶりのことも含めて、スミスは「必需品」と表現していたのである。必需品を欠くことは、「体裁をととのえるうえでの決まった生活習慣」すら維持できない存在として他人から見られること、つまりは人並みの存在として周囲から承認されなくなることを意味したのである。

　だから、それを持っていないと他人に知られることを、人はもっとも恐れるのである。それを持っていないと他人に知られたら、もはや人並みの存在としては認められなくなるかもしれないために、人は、食べ物や着る物を欠くこと以上に、それを失うことを恐れるのである。場合によっては、それを失うくらいなら、必要な食費や光熱費ですら、削ろうとするかもしれない。そういう「必需品」が、それぞれの時代、それぞれの社会に、それぞれかならず存在するとスミスは考える。この必需品の捉え方一つを取ってみても、スミスが絶対的貧困においてのみ貧困を捉えていたのではなく、平均的な生活水準との比較において貧困を捉えていたこと、すなわち相対的貧困において貧困を捉えていたことがわかる。

　よく、生活保護を受けながらスマホなどを持っている人がいると、それは分不相応ではないか、何か心得違いをしているのではないかといって、糾弾の声をあげる人がいる。あるいは、少し以前、あるテレビ番組で母子家庭の貧困が取り上げられた際、画面に映った子供部屋の背景に、たくさんのアニメグッズがあったというので、非難ごうごうの大炎上になったことがある。確かに、スマホがなくても死にはしないし、アニメグッズを買うお金があるくらいなら、衣食に事欠くはずはないだろうという理屈は成り立つかもしれない。しかし、今の時代に、自分はスマホすら（敢えて持たないのではなく）持てない人間なのだと知られることが、どれほど恐ろしいことか。あるいは、学校の友達がみな持っていて、おそらくは話題の中心でもあったろう流行のアイテムを、自分だけは持てないでいるという事実を認めることが、年頃の子どもの自尊心をどれだけ傷つけることか。ことをわが身に置き換えてみれば、それがけっして贅沢な望みではなく、それどころか、その些細なモノを持ち続けることが、鵜の目鷹の目の現代において、自身への肯定感を失わずにいるための、最低限の、必死の条件ですらあることが、容易に想像されるはずだろう。

スミスは、このように、自分と他人の境遇を想像的に入れ替えてみて、そうした境遇に自分が置かれたとき、自身の内に湧き起こるであろう感情を直視することで、他人の振る舞いをその内面から理解することを「同感の原理」と表現する。同感の原理は、『国富論』よりも前に書かれ、ある意味ではスミスの本当の主著とも言える『道徳感情論』（一七五九年）の基本原理である。必需品を欠くことが、なぜ「貧困」を意味するのかというスミスの認識は、同感の原理に基礎づけられたものである。そして、その結果彼が捉えた「貧困」は、必需品を欠くことで生命の維持が危ぶまれる物質的貧困だけでなく、必需品すら持てない存在として人並みに思われなくなることを恐れる、精神面を含めた貧困を問題にしている。スミスが物資の充足を問題にするのは、それを欠くことが物質的な欠乏にとどまらず、人としての尊厳を損なう精神的な危機に、かならず直結すると考えるからなのである。

人はなぜ貧困に陥るのか

なぜ、人は貧困に陥るのだろう？　スミスは、その原因を、人々の気質の違い、人種の違い、才能の違いといった、生得的な差異に着せようとする議論にはほとんど関心を示さない。

人それぞれの生まれつきの才能の違いは、われわれが気づいているよりも、実際はずっと小さい。さまざま職業にたずさわる人たちが、成熟の域に達したときに、一見他人と違うようにみえる天分の差異は、多くの場合、分業の原因だというよりもむしろその結果なのである。*5

スミスは、人間とは基本的に同質的で、同等的な存在と考える。そうであるがゆえに、自分と他人の立場を入れ換えて、相手の心情や行動をわが身に即して理解するという、同感の原理が可能になるのである。もちろん、本来異質かもしれない他人のことを、同質と思いなすことには、それ自体において、倫理的な問題が予想される。相手の言動が、自分の行動規範にそぐわなかったからというので、相手の言動を一方的に不道徳と決めつけてしまったのでは、道徳とは名ばかりの偏見と排除の原理になりかねない。その人は、わたしたちとは異なる価値観の下で育ったのかもしれず、そこでは、そのような言動こそが周囲の同感を得る道徳原則であったのかもしれない。同感の原理は、自らの道徳規範を絶対視したその瞬間から、他者の理解をむしろ拒み、これを排除する原理に変質してしまう危なさがある。同感の原理には、それが自身の道徳原則の絶対視になっていないかどうかを問う、優れて自己批判的な吟味が常に要求されるのだが、今そのことは措くとしよう。*6

もし社会というものが、気質的にも、才能的にも、それほど違いのない人々によって作られているのだとしたら、なぜそのなかから、豊かな人と、貧しい人が、ともに現れるのか。スミスが、『国富論』において取り組もうとしたのは、まさにこの問題であると言ってよい。そして、その原因が、個々人の性質や能力の違いにあるのではないとしたら、だとしたらその原因は、人と人との関わり方のなかにあるはずだとスミスは考えた。*7

すなわち、それぞれの人が、それぞれの気質と能力に応じて何かを生産し、それを互いに交換し合うだけなら、人々の置かれる境遇に、それほどの違いが生じるはずがないのである。しかも、すべての人が、その能力に応じて労働する社会は、それだけ多くの人々が何らかの生産活動に従事している社会であるから、物質的には豊かになるはずであり、生活の必需品と便益品も、その必要に応じて手に入れやすい社会、したがって、貧困が生まれにくい社会になるはずなのだ。

しかし、労働に参加できる人が限られていたり、交換に参加できる人が限られていたりすると、物資の量が限られ、その結果、必需品と便益品を手に入れられない人が出てくるかもしれない。あるいは、生産すべき物資を意図的に限定しているような社会は、その物資だけはあり余るほど作られる一方で、別の物資は常に不足する結果を招くだろう。そういう社会は、たとえあり余るほどの物資があっても、あるいは、そのあり余る物資を外国に売って金銀財宝を蓄えたとしても、スミス的な定義で言えば、それは、貧しい社会なのである。

ある社会が貧困になるかどうかは、人々がどのような労働に参加し、どのようなものを生産し、それをどのような仕方で人々に分配しているか、その仕方によって決まるのである。このような、人々のあいだの、労働と生産と分配の関係のあり方をまとめて、スミスは「分業」と表現する。スミスの言う分業とは、たとえば一つの工場のなかの、作業工程の分業のことだけを言うものではなくて、社会全体における職業の分散と相互取引のあり方を表現する概念でもあることに注意する必要がある。社会がどのような分業を展開しているかによって、同じ気質、同じ天分を持つ人々であっても、互いに豊かになることもあれば、互いに貧しくなることもあるのである。先の引用文にもあるように、「一見他人と違うようにみえる天分の差異は、多くの場合、分業の原因だというよりもむしろその結果なのである」。

では、どのような分業が望ましいと言えるのか。そして、人々は、どのようにして分業に参加すればよいのか。ここから、いよいよ『国富論』の主題が始まる。

2 『国富論』を「貧困論」として読む

市場社会と個人の尊厳

スミスが考える貧困のない生活とは、単に生命の維持に必要な、最低限の物資が確保されている生活ではない。「あの人は人並みの生活をしていないのではないか」と、他人から訝し気な目線で見られたり、人としての自負と尊厳を保てないような境遇に置かれていれば、かりに生活物資は満たされていたとしても、それはむしろ、貧困な生活なのである。人間は、人間であるという一事だけで、自らを尊厳ある存在として主張することができる。それが、自由・平等とともに、およそ近代社会が満たさなくてはならない、最低限の条件であったはずだ。

そもそも近代社会とは、誰もが、自らを尊厳ある主体として主張できる社会のことを言うものだろう。そのためには、それぞれの人が、自分で自分の生活を自立させる権利を、身分に関わりなく、等しく認められることが必要である。近代社会が市場社会をその根底に求めた第一の理由はここにあった。しかし、自分が自分であること、それは、自分が他人に受け入れられていると思えてはじめて、そう感じられることであって、そのとき人は自分を自分と思い、自分を自由と思い、他者と比べて平等だと実感する。これを一言で表現したもの、それが「尊厳」という、いささかいかめしい言葉なのである。それは必需品と同じように、保たれているあいだはそれと意識することはないが、いざ失ってみると、たちどころにその喪失を思い知り、慄然とさせられるものだろう。だから、人が尊厳を保てない社会があるとしたら、それもまた、スミス的な意味では、貧困な社会ということになるだろう。

自分が他人に支配され、他人の恣意に従わされているとき、人はけっして自分の尊厳を確信しない。慣れてしまえば苦痛も感じなくなるのかもしれないが、他人の恣意に従わされている限り、人はかならず何かの拍子に、自身の尊厳の欠如を思い出す。だから、人が人を支配することをやめ、対等の者どうしが、それぞれの役割を果たすことで社会の秩序を維持していく。それが、近代市場社会の大原則になった。

ところが、その市場社会を実際に担ったのは、資本主義経済という一つの経済システムだった。

そこでは、資本家と労働者という、あたかも身分のような人間関係が再現されていた。それは、経済学においては、はじめから社会的な関係として語られることが多いけれども、じっさいに、人々が身分のようなものを感じることがあるのは、多くの場合働く現場、つまりは「企業」においてであろう。確かに、従業員が経営者に従う関係は、労働協約等によって法的に（つまり近代的に）定められたことのはずではあるものの、その真の効力が、契約よりも根深い情緒的なもの、あるいは慣習的なもの、場合によっては道徳的とされるものによって支えられているとしたら、その起源はおそらく、近代以前から存在する何かにある。資本主義は近代市場経済の原理として、それじたいは近代的な現象として語られるのが普通だけれども、資本主義を担う企業には、どこか前近代を彷彿とさせる光景が、美意識の裏づけとともに残されていると感じることがある。もし企業という存在が、はじめから、その隅々に至るまで近代的な契約関係として作られていたとしたら、果たして、資本主義経済は、あるいは産業経済は機能しただろうか。

市場社会の理念と資本主義の原理とのあいだには、微妙な差異があるということ。このことに、わたしたちはもう少し、敏感になる必要があるのではないだろうか。そして、スミスの時代とはじつは、市場社会が社会のほぼ全域にまで浸透しながらも、資本主義経済には微妙に成り切っていない、きわめて稀少な時期に属するのである。資本家と労働者への階級分裂はまだ完成しておらず、そのどちらの階級に進むかを、あたかも自分で選択できるかのような表現が、『国富論』ではあちらこちらに出てくる。『国富論』を読むときには、この微妙なタイミング（のズレ）にぜひとも留意する必要があるのである。

ただ、いくら「自分は尊厳ある存在だ！」と主張してみても、それを他人が認めないのでは、それは尊厳にならない。アクセル・ホネットが言うように、自己の尊厳とは、他人がその尊厳を承認してはじめて尊厳としての意味を持つのであり、家族にせよ職場の同僚にせよ、自分の周囲の人々に、自分という人間が一個の人格を持つ存在として、その人格のまま受け入れられているという実感がない限り、つまりは、自分の尊厳が承認されているという実感がない限り、人は自分を「尊厳ある存在」として自覚することはできないだろう。[*8]

尊厳は、自身の精神的基盤でありながら、それが成立するためには、他者という存在が不可欠である。他者がまずいて、その他者との関係性が先に存在していない限り、個人の尊厳は成立しないのである。そして尊厳の自覚を欠いたまま、人が自己の主体性を自覚することは、おそらく不可能である。ここに、経済学的主体像の一つの虚構がある。経済学では、他者の存在を前提せずに、あるいは、他者の存在を知る前から、先に「私的個人（private individual）」としての自覚が成立するものと想定する。そして、その「私的個人」の意思によって、他者との関係が後から作られていくのである。経済学は、時代を問わず、学派を問わず、この個人像だけは共有してきた。[*9]だから、経済学における「個人」には、尊厳を失うことへの恐怖がない。というより、およそ尊厳というものへの（特に、それが失われることがあるのだということへの）関心がない。ここに、他者からの「承認」を繰り返し得ることを通じて、はじめて「個人」が析出されてくると説くスミスとの、大きな違いがある。[*10]

さて、スミスは、こうした自己の尊厳を守るためにも、すなわち、他者からさげすみの目線を受けないようにするためにも、人並みの必需品と便益品を持つことが必要だと考える。互いに互いの尊厳を守ろうとする意思は、所有物の多寡によって左右されるべきものではないけれども、人並みの物質生活を送っているように見えることが、他者からの目線を気にせずに済むようになるための、もっとも効果的な防壁になることも確かである。だから、物的な意味でも、精神的な意味でも、誰もが、人並みの必需品と便益品を持てるようにすることが先決であり、そのためには、それらが全員に行き渡るだけの生産量と、全員に行き渡らせる分配の仕方が必要になる。この二つの役割を果たすもの、それがあの「分業」なのである。

分業と協業

分業が、労働の生産性を高めること、したがって、同じ労働人数の下でも、それだけ多くの物品生産が可能になること、これは、もはやアダム・スミスの手を離れて、あるいは『国富論』という書物をも離れて、人類共通の常識になったと言っていいだろう。しかし、スミスにおける分業とは、単に生産効率を高めるための手段ではなく、それ以上に、人々が労働に参加する機会を与えるものであったことを忘れてはいけない。そして、自身が分業に参加しているからこそ、人は他人の成果を求める資格を持つのであり、自身の成果と他人の成果を交換することによって、自らの生活に必要な必需品と便益品を手に入れるのである。*11

分業は、なぜ労働の生産性を高めるのか。次の文章は、おそらく『国富論』のなかで、冒頭の一文とともに、もっとも頻繁に引用されてきたものだが、今一度、その言わんとするところを確かめておこう。

ここに一例として、とるに足らない小さい製造業ではあるけれど、その分業がしばしば世人の注目を集めたピン作りの仕事をとってみよう。…現在、この仕事が行われている仕方をみると、作業全体が一つの特殊な職業であるばかりでなく、多くの部門に分割されていて、その大部分も同じように特殊な職業なのである。ある者は針金を引き伸ばし、次の者はそれをまっすぐにし、三人目がこれを切る。四人目がそれをとがらせ、五人目は頭部をつけるためにその先端をみがく。頭部を作るのにも、二つか三つの別々の作業が必要で、それをとりつけるのも特別の仕事であるし、ピンを白く光らせるのも、また別の仕事である。ピンを紙に包むのさえ、それだけで一つの職業なのである。*12

もし、こうした分業が行われず、この工程をすべて一人でこなそうとしたら、せいいっぱい働いても、おそらく一日に一本のピンを作ることもできなかったろうし、二〇本を作ることなど、まずありえないであろう。*13

しかし、現実には、

ピン作りという重要な仕事は、約一八の別々の作業に分割されていて、ある仕事場では、そうした作業がすべて別々の人手によって行われる。…私はこの種の小さい仕事場を見たことがあるが、そこではわずか一〇人が仕事に従事しているだけで、したがって、そのうちの幾人かは、二つか三つの別の作業をかねていた。かれらはたいへん貧しくて、必要な機械類も不十分にしか用意されていなかった。それでも精出して働けば、一日に約一二ポンドのピンを全員で作ることができた。一ポンドのピンといえば、中型のもので四千本以上になる。してみると、これらの一〇人は、一日に四万八千本以上のピンを自分たちで製造できたわけである。*14

針金を伸ばすところから、先端をみがくところまで、そのすべての工程を一人の職人で行うとしたら、一人一日二〇本のピンすら仕上げられないだろう。しかし、これを一〇人で分業したら、一〇人で四万八千本、一人平均で四千八百本以上のピンを製造することができる。スミスは子どもの頃に、しょっちゅう釘工場を訪ねていたと言われており、おそらくはその頃いらいの実地見聞が元になって、こうした見解に到達したのであって、これはけっして、スミスの頭のなかで作られた話ではないのである。

ではなぜ、分業にすると生産性が高まるのか。スミスはその理由として、大きく三つの点をあげている。第一は、ある一つの作業に特化することによって、個々の職人の技能が向上すること、第二は、全工程を一人で行うと、ある作業から次の作業に移るときに、場所を変えたり、道具を換えたりしなくてはならないが、そのとき失われる時間を、分業による作業特化は節約することができること、第三は、作業が特定内容の繰り返しになることによって、道具や機械の発明が促されることである。[*15] これらの要因について、ここで改めて説明を加える必要はないだろう。

さて、スミスが考える分業とは、こうした一つの作業工程や、一つの工場内に限定されるものではない。スミスにとって分業とは、一国経済のかたちそのものを表現するものでもある。

この分化はまた、最高度の産業と進歩を享受している国々で最も進んでいるのが普通である。すなわち、社会の未開段階で行われる一人の人間の作業は、改善された段階では数人の作業になるのが普通である。すべての文明社会では、農業者は一般に農業者以外の何者でもなく、製造業者は製造業者以外の何者でもない。[*16]

ある者は農業に特化し、ある者は製造業に特化し、またある者は商業に特化する。このように、産業がそれぞれに分化して存在し、それに応じて、人々も、一つの産業に特化して労働すること、これもまた、分業の一つの姿なのである。もし人々が、一つの産業、一つの職種に特化せずに、全員で午前中は農作業を行い、午後は製造作業を行い、物品の運搬と販売は夕方の数時間に限定する、などということをしたら、およそ不都合で不合理な経済になることは、想像に難くないだろう。そのようなことをせずに、ある人は農業だけを行い、ある人は製造業だけを行い、互いに作ったものを互いに交換する。その交換を、商業に特化した人が仲立ちする。こうしたかたちを取れば、生産物の量にして多く、品目の種類にして多様な、したがって、それだけ細分化された需要を満たすことのできる経済になるだろう。

もちろん、誰かが農業を営み、誰かが製造業を営みさえすれば、それで社会的な分業が成立するわけではない。たとえば、製造業が農業に必要な農機具を作ろうとせず、貴族の館でしか使われそうもないような、精巧な銀細工ばかりを作っていたら、農業と製造業のあいだに交換は成立しないだろう。しかし、農業者との交換ができなければ、結局、製造業者は必要な食料品を手に入れられず、農業者、製造業者ともに、生活の必需品と便益品を満たせなくなって、モノは多いが実態は貧困だという生活を強いられることになるだろう。

したがって、分業とは、独立的な事業がただ濫立していればよいものではなく、互いに互いの必要を満たし合うような補完的な関係性を、網の目状に広げていくものでなければならない。分業とはじつは、社会全体で営まれる協業に他ならないわけである。

比較優位と分業への参加

では、わたしたちは、いったいどのようなかたちで、分業に参加していけばいいのだろうか。たとえば、農業に自信のある人は、農業に参加するのが自然な選択と言えるだろう。手先が人一倍器用であるとか、機械に自信のある人は、製造業に参加するのが自然だろう。しかし、なかには、いや実際にはほとんどの人が、自分にはこれといって、他人より秀でているようなものは何もない、と思っているに違いない。こういう普通の人々は、どのようにして、分業に参加すればいいのだろうか。スミスは、これに対してはっきりと回答しているわけではない。しかし、次の文言は、これを考えるための大きなヒントになるだろう。

最も富裕な国民は、一般に製造業はもちろんのこと、農業でも、すべて近隣の国民に勝っているが、しかしかれらは、農業よりも製造業においていっそう抜きんでているのが普通である。*17

何気ない一言ではあるが、この一文は、後にデヴィッド・リカードによって定式化される比較生産費説の発想をさりげなく、しかし先駆的に表現したものと言っていいだろう。すなわち、国と国が貿易をするとして、それぞれの国は何を輸出し、何を輸入すればよいのか。この問題に対して、リカードはある国、たとえば、ポルトガルのような農業国は、他国よりも農業に秀でているから（たとえば）ワイン生産に特化してこれを輸出し、イギリスのような工業国は、他国よりも繊維の生産に秀でているから、（たとえば）麻の布地生産に特化してこれを輸出し、両国のあいだで、ワインと麻の交換を行うようにすれば、それぞれの国がワインと麻の両方を自分で生産するよりも、より多くのワインと麻を手に入れられるようになることを示した。

しかし、場合によっては、イギリスがワインと麻の両方において、ポルトガルより高い生産性を発揮することがあるかもしれない。こうなったら、ポルトガルとイギリスのあいだに貿易関係は、すなわち、分業と交換の関係は成り立たなくなるかというと、そうはならないというのが、リカードの主張である。

確かにイギリスは、ワインも麻もポルトガルより効率的に生産することができるが、そのなかでも麻の方が、ワインよりももっと効率的に生産できる。つまり同じ労働力を投下するなら、ワインより麻に投じた方が、さらに多くの生産物を作り出すことができるわけである。ポルトガルも同様で、確かにポルトガルは、麻の生産においてもワインの生産においても、イギリスより劣るかもしれない。それでもポルトガルは、自身のなかでは、麻よりワインの方が得意なのである。ならば、ワインの生産に特化して、これをイギリスの麻と交換すれば、より多くの麻を手に入れることができるのではないか。このようにすれば、イギリスもポルトガルも両方とも、より多くの麻とワインを手にすることができるようになる。これを示したのが、リカードの比較生産費説である。

この議論は、貿易についてだけでなく、今わたしたちが問題にしている、国内での分業と交換についても、等しく適用することができるはずである。たとえば、一例をあげてみよう。

いまかりに、パン一〇個と布地一メートルが交換可能であると仮定しよう。これは、パン一〇個と布地一メートルが等しい交換価値を持つことを意味する。

さて、ある人物（かりにトピアくんと呼ぼう）は、パン一〇個を生産するのに一〇時間の労働を必要とし、布地一メートルを生産するのに一二時間の労働を必要とするものとしよう。したがって、トピアくんが、パン一〇個と布地一メートルを両方とも自分で作り出そうとしたら、彼は合計二二時間、労働する必要があるということになる。

いっぽう、別の人物（かりにアガソさんと呼ぼう）は、パン一〇個を九時間で、布地一メートルを八時間で生産することができると仮定しよう。したがって、この場合、アガソさんはパンの生産においても、布地の生産においても、トピア君より生産性が高いわけである。[*18]

そうなると、一見、トピアくんに出番はないように見える。トピアくんは何をやらせてもアガソさんにかなわないのだから、この二人のあいだでパンと布地の生産が分業され、その成果をたがいに交換し合う関係など、成立するわけがないと一瞬思えてしまう。

しかしながら、確かにトピアくんには、アガソさんにかなうものは何もないわけだが、それでも布地の生産とパンの生産を比べれば、パンの方が、いくらか少ない労働時間で生産することができる。つまり、彼のなかでは、パン作りの方が、布地生産よりも、いくらか得意なわけである。これを、トピアくんは、パン作りに比較優位があると表現する。[*19] 一方でアガソさんについても、彼女は確かにトピアくんと比べれば、パンについても布地についても絶対優位にあるが、そのなかでもさらに、布地生産の方が得意と言えるから、この場合、アガソさんは、布地生産に比較優位を持つと言えるのである。

そうすると、パン一〇個と布地一メートルを、それぞれ自分だけで生産するとしたら、トピアくんは合計二二時間の労働が、アガソさんは合計一七時間の労働が必要になるが、トピアくんが、彼の比較優位財であるパン生産に特化し、アガソさんが、彼女の比較優位財である布地生産に特化すれば、トピアくんは二〇時間の労働でパン二〇個を作り出すことができ、アガソさんは一六時間の労働で布

銘柄	パン10個	布地1メートル
トピアくん	10時間	12時間
アガソさん	9時間	8時間

表1 比較生産費と分業への参加

地二メートルを作り出すことができるはずである。

そして今、パン一〇個と布地一メートルが交換可能なわけである。だとしたら、トピアくんは二〇個のパンのうちの一〇個を、アガソさんの布地一メートルと交換すれば、彼は二〇時間の労働で、パン一〇個と布地一メートルを手に入れることができる。両方とも自分で生産したら、彼には二二時間の労働が必要だったわけだから、これはトピアくんにとってたいへん有利な状況と言える。

そして、これはアガソさんにとっても、有利な取引になるのである。なぜなら、アガソさんが布地生産に特化すれば、一六時間の労働で二メートルの布地を生産でき、そのうちの一メートルをトピアくんのパンと交換すれば、彼女は一六時間の労働で、パン一〇個と布地一メートルを手に入れることができる。アガソさんといえども、両方の財を自分一人で生産するには一七時間の労働が必要だったわけだから、これはアガソさんにとっても有利な状況になるわけである。したがって、この二人のあいだで分業と交換が行われれば、アガソさんとトピアくんの両方にとって、利益のある状況が生まれるわけである。

この議論は、分業論にとって、きわめて示唆深い内容を持っている。すなわち、この議論は、他人と比べて自分が秀でていると言えるもの（すなわち、絶対優位にあるもの）が何もない人であっても、分業に参加する資格は十分にあることを示している。「あれをやらせたら彼の・彼女の右に出るものはない」と胸を張れるものが一つもない人であっても、社会的分業に参加することは十分可能なのであり、また参加するべきなのである。そのための条件はただ一つ、「自分のなかで得意なものがあるとすれば、まあ、あれかな」というもの（すなわち、比較優位にあるもの）が、何か一つあればいいのである。

繰り返しになるが、それは他人より優れたものである必要はない。あくまで自分のなかでは、これが一番ましだというものがありさえすればよいのである。そしてそういうものは、必然的に何か一つあるはずだろう。それさえあれば、誰でも分業に参加でき、社会に貢献することができるのである。能力が足りないから、社会的分業に参加を許されないなどということはあり得ないのであり、誰であっても、その人の持ち味において、社会を支えることができるのである。そして、分業に参加したからには、自分の生産物と他人の生産物を交換する権利を、堂々と主張できる。誰もがみな、こうしたかたちで分業と交換に参加するようになれば、必需品と便益品に事欠くような貧困など、そうそう立ち現れるはずはないのだ。

ところが、スミスの時代、こうした参加の仕方を臆面もなく阻む制度が存在した。ギルドを支えてきた徒弟制度がそれである。それぞれの人が、自分で見出した比較優位を活かして分業に参加していくためには、自分の仕事を自分で選択できなければならない。しかしながら、親方の下で一定の徒弟期間をつとめたもの以外は、その仕事に就くことが許されない徒弟制度は、こうした選択をほとんど不可能なものにしていた。それは、スミスが考える分業と交換の秩序を、正面から否定するにも等しい制度であった。

> 徒弟条例は、同一の場所でさえ、ある職業から他の職業へと労働が自由に移動するのを妨げる。また同業組合の排他的特権は、同一の職業においてさえ、ある場所から他の場所へと労

働が自由に移動するのを妨げている。[20]

それゆえにスミスは、この徒弟制度のことを、それこそ口をきわめて批判したのである。徒弟制度は、親方たちの利益を守るために、次の世代の若者が、自らの比較優位に応じて分業に参加していく道を、そして、自らの選択によって、社会のなかに居場所を求めようとする道をふさごうとするものに他ならない。次の一文は、スミスにしては珍しいほど、強い口吻で語られている。

人はみな自分の労働を財産としているが、この財産こそは他のすべての財産の根本的な基礎であるから、最も神聖で不可侵なものである。貧しい人が親からゆずられた財産は、自分の両手の力と技能のうちにある。そして、かれがこの力と技能とを、隣人を害することなしに、自分が適切と思う方法で用いるのを妨げることは、この最も神聖な財産の侵害であることは明らかである。[21]

徒弟制度の解体は、ヨーロッパ社会の近代化を象徴する出来事であった。ただし、では、徒弟制度がなくなった今日、近代社会の理念は文字通りに実現したと言えるかどうか。人がその持ち味に応じて分業に参加できる社会になったと、果たして言えるかどうか。世界を見れば、いまだに人種の違い、性の違い、宗教の違いといった、各人の比較優位とは何の関係もないところで、就業の機会に差異が生じてはいないだろうか。あるいは日本の企業は、個々の学生とあれほど何度も面談しているはずなのに、本人の比較優位とは異なる（たとえば、どの大学に通っているかのような）指標で、人を選んではいないだろうか。これで果たして、親方のお墨つきがものを言っていたスミスの時代を、古き因習が支配していた時代であると、つき放して語ることができるだろうか。

分業とは本来、すべての人々に、社会における居場所を提供するはずのものだった。[*22] しかし、その後の現実はむしろ逆の方へ進んでいるように見える。人々を包摂するはずだった仕組みが、いざ蓋をあけてみれば、むしろ微に入り細をうがって、選別と排除を繰り返すだけの仕組みになったようにも見える。これは、近代の理念が誤っていたことを証明するものだろうか。それとも、理念と現実を引き離す何かが介在しているのだろうか。近代社会は、確かに資本主義経済を発達させはしたが、それが果たして、近代の理念そのものの成熟を意味したかどうか。これは、今だからこそ、真剣に考えるべき問題である。そして、そこにもし微妙な食い違いがあるのだとしたら、それは経済学においても、そのもともとの理念とその後の理論のあいだに、同様の食い違いが隠されている可能性を示唆するはずである。経済学の歴史は、本当はパンドラの箱のなかに、あるのかもしれないのである。

生産的労働と不生産的労働

さて、ここで一つ、『国富論』のなかでももっとも誤解を受けやすい概念について、触れておくことにしよう。「生産的労働と不生産的労働」という概念がそれである。スミスは、一人ひとりが、その比較優位に応じて自由に職業を選択することが、分業をよりいっそう豊かなものにすると考えていた。だからこそ、それを阻むものとしての徒弟制度を、彼は厳しく批判したのである。ところが、スミスの思想をそういうものとして読んでいくとき、いささか首をかしげたくなるような文言に出くわすのである。たとえば、次のような文章がある。

人は、多数の製造工を雇用することによって富むが、多数の家事使用人を維持することによって貧しくなる。*23

家事使用人の労働は、ある特定の対象または販売しうる商品のかたちで固定されたり具体化されたりはしない。かれのサーヴィスは、それが行われるその瞬間に消滅してしまうのがふつうであって、それだけのサーヴィスと引換えになにかを入手できるだけのもの、つまり価値をあとに残すことは、滅多にない。*24

スミスは、製造工や農業者のことを「生産的労働者」と呼び、家事使用人や外交官、会計士、俳優、音楽家、大学教授などをまとめて、「不生産的労働者」と呼んでいる。そして、前者の多い社会は富んでいくが、後者の多い社会は貧しくなると言っている。だから、そこだけを読むと、スミスがあたかも、不生産的労働者は社会にとって不要であると言っているかのように思えてしまう。そのせいで、『国富論』という大著をせっかく順調に読み進めてきた読者の多くが、ここに至って混乱してしまうのである。なぜと言って、自分の得意に応じて自分の生業を選択するのが一番よいなどと言っておきながら、やれ俳優はダメだ、やれ会計士はダメだと言い出すようでは、明らかに矛盾していると思えるからだ。これだから、昔の本は当てにならないのだ……、アダム・スミスと言ったってしょせん一八世紀の人物だ……、理論も偏見も何もみな一緒くたではないか……と思わず言いたくもなるわけである。かくして、この辺でもういいだろうということになって、そこから先、読まれなくなってしまうことが多いのである。

これはしかし、文字通りの矛盾なのだろうか。家事使用人も、俳優も、会計士も、それはそれで他の人にはできない仕事を担っているはずで、その意味では、彼ら・彼女らも一定の価値を生み出しているはずである。その点では、農業者や製造業者とどこも変わらないはずで、そうであるからこそ、人は彼ら・彼女らの仕事に対して、一定の報酬をためらわずに支払うことができるのである。にもかかわらず、彼ら・彼女らを不生産的と称するとは何事か。どうもスミスには、論理一貫性に欠けるところがあるのではないか。そんなふうにすら、思えてくるわけである。

しかしながら、アダム・スミスは、やはりそこまで迂闊な存在ではないのである。まずそもそも、スミスは不生産的労働を、価値を生み出さない労働とは言っていないのである。たとえば、今引用した一つ目の文章には、次のような文章が続いている。

もとよりこの後者（家事使用人：引用者）の労働にも価値があり、前者（製造工：引用者）のそれと同じようにその報酬を受けるべきものであることは当然である。しかし、製造工の労働は、ある特定の対象や販売商品のかたちに固定し具体化するのであって、この商品は労働が投ぜられたあとも、少なくともしばらくのあいだは、存続する。[25]

スミスが不生産的労働者を、報酬を受け取るべき価値を生み出す存在として捉えていることは、この一文だけでも明らかである。あるいは、次のような一文もある。

かれらのサーヴィスは、どんなに名誉あるものであろうと、社会にとってどんなに有用なものであろうと、またどんなに必要なものであろうと、あとになって等量のサーヴィスをそれと引換えに入手できるような物を生産することはない。[26]

したがって、不生産的労働も名誉ある労働であり、さらには社会にとって有用なものであり、必要なものでもあることは認めているのである。だから、なくなってしまってよい仕事とは、けっして言っていないのである。ではなぜ、不生産的労働者の数なり、割合なりが増えていくと、その国は貧しくなるなどと、スミスは言うのだろうか。

それは端的に言って、『国富論』が、必需品と便益品という「物品」の充足を、意識的に優先しているからだと思う。彼の言う生産的・不生産的の分かれ目は、価値を生み出すかどうかではなく、必需品と便益品という「物品」を生産するかどうか、そこに置かれていると思うのである。わたしたちは先に、スミスが貧困を相対的貧困として捉えていたことを見た。そして、相対的貧困から免れるためにも、まずは、人並みの必需品と便益品を、すべての人々に行き渡らせる必要があることも確認した。だからスミスは、十分な量の必需品と便益品を確保することを先決と考え、物品をちょくせつ増加させる職種を差し当たり優先するために、生産的労働という概念によって、これを表現したのである（経済学史研究としては、ここで労働価値説との関係を考えなくてはならないのだが、本書の観点は、学史研究とは少し異なるので、この論点には立ち入らないことにする）。

　繰り返しになるが、わたしたちは、必需品と便益品だけあって、詩人もいなければ俳優もいないような社会を、けっして豊かな社会とは言わないだろう。だから、スミスのここでのこだわりが今一つピンとこないわけだが、では逆に、必需品と便益品がまったく不足しているのに、詩人と大学教授ばかりたくさんいるような社会のことを、わたしたちは、文化に満たされた豊かな社会と考えるかと言えば、けっしてそのようには考えないだろう。必需品と便益品を行き渡らせること、まずはこれを優先しなければならないのであって、ゆえに、価値ではなく、文字通り物品の生産を重視したのである。生産的労働と不生産的労働という区別はここから来るのであり、この概念は、わたしたちが想像する以上に、『国富論』が貧困の傍らで書かれた書物であったことを物語る、一つの証左と言っていい概念なのである。

　したがって、生産的労働がきちんと確保されたうえであれば、ということはつまり、必需品と便益品が安定的に確保されたうえであれば、後は何が職業として選択されても社会が貧しくなることはない。人が自己の生業として選択した職種が、たまたま「不生産的労働」に属するものであったとしても何も問題はない。人がそれぞれ、自分のなかにある、ささやかな得意を活かして、それで一生生きていこうとすることに、（それが他人の自由を侵害しない限り）誰も文句を言う筋合いはないのである。したがって、スミスが徒弟制度を批判して、職業選択の自由を主張したことと、生産的労働と不生産的労働の区別を行ったこととは、けっして矛盾するものではない。むしろこれは、分業社会を支える一段下層の条件を明らかにした重要な議論だと言っていいのである。

資本投下の自然な順序

では、その生産的労働を必要なだけ確保するには、どうしたらよいだろうか。スミスは次のような論法で議論を進めていく。よく言われることだが、スミスの『国富論』は、マルクスの『資本論』やケインズの『雇用・利子および貨幣の一般理論』のような難攻不落の書物ではなく、読むぶんにはサラサラと読めてしまうために、ややもすると、論理構成の弱い書物のように言われることがある。ところが、それは大いなる誤解であって、『国富論』という書物は、編を追うごとに、前の議論の前提へ、さらにその前提へと、前段の議論の論拠を順々に追い詰めていくという、じつに緻密な論理構成を持った書物なのである。

まずそれでは、人が自分の得意に応じて分業に参加できるような、そういう社会を作るためには、どのような前提条件が満たされている必要があるか。ここにこそ、『国富論』最大のテーマがある。いよいよ、あの「見えざる手」が動き出す。

スミスは、必需品と便益品を維持しながら、人々が自分の得意に応じて、分業に参加できるようになるためには、経済がある一定の順序にしたがって発展していく必要があると言う。言い換えれば、資本はただやみ雲に投下されればよいというものではなくて、ある決まった順序に従って、投下される必要があると言うのである。

では、その順番とはどのようなものか。スミスの考えでは、一番はじめに資本が投下されるべきは農業である。なぜと言って、言うまでもなく農業生産物、すなわち食料こそは、生活必需品の筆頭だからである。食料がすべての人に行き渡らないこと、これ以上にあからさまな貧困はない。だから、まずは農業の生産性を十分に高めること、すべてはそこから始まるのである。これは、資本投下の順序として、自明にも近い第一の条件であるとスミスは考える。

ただし、農業は食料だけを生産するものではない。羊毛にせよ、綿花にせよ、当時の先端産業である繊維産業の基本的な原材料は、みな農業から産出されるものである。農業は、生命と産業の両方の源なのである。これは、フランス重農主義のように、農業だけが余剰生産物(播いた種子より、果実の方が多い)をもたらすという考え方に依るものではない。あくまで当時のイギリス経済における農業の役割を観察した結果として、スミスが独自に得た判断である。[*27]

農業の生産性が高まれば、すべての人を農業に拘束する必要もなくなってくる。一人の農業者で、三人分の食料を生産できるようになれば、そのうちの二人は、食料生産にたずさわらなくても、食べていくことができるようになる。こうしてはじめて、工業・製造業に専念できる人が現れ、工業が一つの産業として自立できるようになる。工業とはあくまで、農業の生産性に支えられて、はじめて成立する分野なのである。工業に専念した二人は、その生産物を農業者と交換することによって、自らの食料を手に入れることができる。農業者は農業者で、工業者との交換を通じて、着るものや、身の回りの家具や、さらには、専門の工業者だからこそ生み出すことのできる、優れた農具や機具を手に入れられるようになる。優れた農機具は農業の生産性をさらに向上させ、農業以外の生き方を選ぶ機会を、より多くの人々に与えることになるだろう。

かくして、農業と工業のあいだに、社会的な分業が成立する。もし、農業の生産性がおぼつかない段階で、工業だけを意識的に拡大させようとしたら、工業製品はそれなりにたくさん作られるかもしれないが、それと交換すべき食料と原料に不足を来すことになるだろう。それでは工業も結局続かなくなる。また逆に、農業の生産性が十分な水準に達しているのに、人々を農業にだけいつまでも拘束したらどうなるか。耕地に必要以上の労働力を投入しても、人が余るだけになって、収穫量じたいはそれほど増えることはないだろう。いっぽうで、工業がいつまでも未熟であれば、人々の着る物はいつまでも粗末であり、農具・農機具の性能も向上せず、ひいては、農業生産性の向上も阻むことになるだろう。農業から工業へと生産性を向上させながら、農業と工業のあいだに、自然なかたちで分業を成立させていくことは、潤沢な必需品と便益品を得るために必要な条件と言えるのである。

したがって、工業はまず、身近な農業者の需要を満たす必要があるのであって、はじめから、海の向こうの大金持ちしか興味を示さないような銀食器などを作る必要は、まったくないわけである。その方が儲かりそうだと一瞬思えたとしても、農業の生産性が向上していかなければ、そして、農業生産性を高めることに自身も貢献していかなければ、やがては食料と原料に不足が生じ、食料価格が高騰して、結局、今稼いだばかりの儲け分をはき出さざるを得なくなるだろう。だから、まずは身近な農業が必要とするような、素朴な工業製品をしっかりと生産できるようになること。これが分業を通じた協業のもっとも自然な姿であり、工業の果たすべき第一の役割だとスミスは考える。そしてじつは、このような分業と協業のかたちを、ごく自然に展開していた土地があるのであって、それが当時のアメリカ植民地である。それゆえに、アメリカはイギリス本国をしのぐほどの豊かさを見せるようになったのだと、スミスは言うのである。『国富論』の主編と言われる第四編は、全編あげてこの問題に取り組んでいる。

農業と工業が充実してくれば、農業内、工業内で、さらなる分業が可能になるだろう。農業者は栽培する品目を増やし、工業者も農具・農機具の種類や、衣類のバリエーションを増やすことができるようになるだろう。そうなると、これまでとは違った取引相手、あるいは、より遠方に住む人々との交換取引が必要になってくる。しかし、特に農業者の場合、土地を離れて交換に出向くことは難しいし、そもそも、どこへ行けば交換に応じる相手がいるのかもわからないだろう。

そこで出番となるのが、商業なのである。したがって、商業は、農業から工業へと生産性の向上がはかられた結果として現れるのが、順番として正しいのである。もちろん、それはまず国内の商業から始まるのであって、国内商業が十分に行き渡ってはじめて、外国への商業、すなわち、外国との貿易が、持続可能なかたちで可能になるのである。

このような順序に従って経済が発展していけば、人々の生命維持に必要な食料をまず確保し、そのうえで、他人から見苦しいと思われない衣服や、農作業を楽にする農機具や、住まいに潤いを与える家具や小物といった品々を無理なく揃えていくことができる。人々が自分の得意と思える業種を自由に選べるようになるためには、経済がこのような順序に従って発展していく、つまりは、資本がこのような順序に従って投下されていく必要があるのである。スミスはこれを、資本投下の自然な順序と表現する。

ここまで来れば、スミスがなぜ、当時の一般的風潮であった重商主義政策に対して、真っ向から反対の論陣を張ろうとしたかがわかるだろう。重商主義政策とは、外国貿易において黒字を出すことを眼目に、輸出関連業者（これは貿易商人だけではなく、輸出向け製品を製造する工業者も含まれる）に、保護と奨励を与えようとする政策である。これはしたがって、農業よりも、そして国内向けの工業よりも、さらには、国内向けの商業よりも、外国貿易に関連する部門に、資本を半強制的に誘導する政策であったと言ってよい。つまりは、資本投下の自然な順序に反するどころか、それとは正反対の方向に、人為的な権力によって資本を誘導していくという、そういう政策がスミスの目の前で、堂々と行われていたわけである。ゆえに、スミスはこれに真っ向から反対したのである。そして、イギリス重商主義の依って立つ基盤であった、アメリカ植民地の放棄を訴えたのである。アメリカの独立を許し、これをイギリスから切り離すことで、特権に守られた植民地貿易への依存からイギリス経済を解放すること。これが、イギリスに正常な分業と交換の秩序を取り戻すための、唯一絶対の条件であるとスミスは考えた。『国富論』の出版と、アメリカ独立宣言とが、同じ一七七六年の出来事であったことは、けっして偶然ではないのである。

抑制としての利己心

しかしながら、かりにそのようなかたちで、イギリスを重商主義政策から解放したとして、それでもって、資本投下の自然な順序が、自然に回復するという見込みはあるのだろうか。経済をいたずらな規制や独占から解放すると、なぜ、資本投下の自然な順序が回復することになるのだろうか。まずは、スミス自身の文言を追ってみよう。

ある資本の所有者がその資本を、農業に用いるか製造業に用いるか、それとも卸売業や小売業のある特定部門に用いるかを決定する唯一の動機となるものは、自分自身の私的利潤にたいする配慮である。[*28]

そして、

いったい、利潤が等しいか、もしくはほぼ等しいなら、たいていの人は、自分の資本を、製造業や外国貿易に投下するよりも、むしろ土地の改良や耕作に投ずるほうを選ぶだろう。[*29]

なぜなら、

自分の土地の改良に投下されている地主の資本は、人の為す業としてはもっとも安全なように思われる。[*30]

あるいは、

資本の使い道を探し求めるに当って、利潤が同等ないしほぼ同等ならば、製造業よりも当然に農業が選ばれるのとまったく同じ理由で、外国貿易よりは製造業が自然と選ばれる。地主や農業者の資本が製造業者の資本よりも安全なように、製造業の資本は、つねに貿易商人の資本に比べて十分にかれ自身の監督支配を受けているから、外国貿易商の資本よりもいっそう安全である。*31

これがスミスの立てた論理である。敢えて一言に要約すれば、特定産業が排他的独占や助成金等によって保護されることなく、すべての産業分野がほぼ同等の条件に置かれるのであれば、資本を投じようとする者は、同等の収益を期待できる候補のなかから、もっともリスクの低い投資分野を選ぼうとするだろう。すなわち、資本投下の自然な順序を回復させるカギは、リスクへの配慮にあると言うのである。

ここは案外見過ごされやすい部分なので、少し注意が必要である。まずはじめに述べられていることは、スミスのテーゼのようにも言われる、公益よりも私益を優先する姿勢である。すなわち、人は自由の下では、まず自分の利益を優先しようとし、人は自分の利益を増やすためなら必死になるから、その動機と努力の強さが、分業と交換を強化して社会全体の利益を増進させる。これがはじめから「世のため人のため」という意識の下にいると、残念ながら多くの場合、人は私欲を追求するときほど必死にはならないので、社会的な成果もそれだけ乏しくなる。だから、私益の追求を許しながら、それを公益につなげられるような「仕組み」が必要になる。その仕組みこそ、いわゆる市場メカニズムに他ならない。ただし、スミスの市場認識は、今日の経済学が常識としている理解とは、いささか異質な要素を含むものなので、これについては、第2章で詳しく論じたいと思う。

ここで確認しておくべきことは、スミスはこうした利己心を、利己心ゆえに神聖視することも、公益の道具として蔑視することも、両方ともしていないという事実である。利己心の発露とは、個人としての主体性の現れでもあって、これを各人の権利として認めることから、近代は始まっている。だから、スミスには、利己心をやましいものとして見下す目線はない。利己心は見苦しいものだが、それが公益の増進につながるなら、その限りで道具的な価値を認めてもよいとする功利主義的な姿勢をスミスは取らない。スミスにとって利己心とは、主体性の止むに止まれぬ発露として、もっと積極的に是認されてよいものである。

しかし他方で、歯止めを失った利己心が、他人の自由まで、あるいは他人の領分まで平気で侵そうとすることを、スミスは断じて認めない。それは、スミスがもっとも嫌悪した事態であると言ってよい。なぜと言って、それは行き着くところ、スミスがもっとも忌避した、誰かが誰かの支配を受ける事態を必ずもたらすからである。それに加えて、そうした抑制のない利己心は、そもそも人々の共感を得られない。なぜ、共感を得られないかについて、スミスはさらに詮索の想像を働かせることはしない。その理由はともかくとして、共感を得られないという事実そのものが、論より証拠の効力を持つと考えるのがスミスの道徳感情論である。他者の利己心と両立しない利己心は、利己心の名に値しない。一見、矛盾にも見えるこのような利己心像をスミスは確信していたのであって、このような意味での利己心を現実に可能にするもの、これもまたスミスの考える「市場」の重要な役割である。この点についても、次の第2章で詳しく検討することにしよう。

ここまではよい。問題は、その私益・利潤の追求における利己心の現れ方である。すなわち、利潤追求と聞くと、わたしたちは半ば条件反射のように、まず売り上げを大きくしなければ、と考えるだろう。そのためには客層を広げる、他社の顧客を奪う、さらには外国へ進出するといったような、いわゆる拡張主義路線をごく自然にイメージするだろう。そこには当然、未知のリスクも潜んでいるはずだが、リスクを恐れていて利潤を伸ばせるか！　と自他ともに叱咤激励するのが資本主義の精神だと、わたしたちは、これも半ば条件反射的に考えることだろう。

だが、そのような利己心の現し方は、今見たばかりのスミスの利己心観に合わないばかりか、先に引用したスミスの文章にもそぐわないように思われる。スミスの文言を素直に読めば、彼はそのような、リスクを覚悟で売り上げを伸ばせとか、一か八かで市場を広げろといった類のことはまったく言っていない。それどころかその逆で、スミスは、リスクをむしろ避けよと言っているように読める。すなわち、リスクを抑えることで、結果的に利潤を大きくせよ。そう言っているように読めるのである。リスクが大きくなれば、それに備えるために、在庫を増やしたり、引当金を多めに積んだりして、それだけ余分の費用が発生するだろう。スミスはそうした事態を避けよと言っているのである。つまりは余計な費用をなくすことで、同じ売り上げの下で、差額として手元に残る利潤を大きくせよと言っているのである。

売り上げの拡張によってではなく、費用の抑制によって利潤を拡大する。外部へ進出してリスクを高めるのではなく、内部を整えることでリスクを低める。その結果として利潤を増やすことこそ合理的な判断であるというのが、おそらくスミスの発想である。そして、そうした方向への工夫と配慮は、自身の利益のためであればこそ真剣なものになる。拡張ではなく、抑制によって満たされる利己心のあり方。スミスの生涯を貫く経済哲学の核心はこれであり、このことの今日的含意を探ることが本書のテーマでもあるわけだが、今はこのことが、資本投下の自然な順序を回復させる、経済メカニズムとして認識されていたことを確認しておこう。

投下した資本の回収において、もっともリスクの低い分野はどれか。それが、彼の時代にあっては農業なのだというのが、スミスの認識である。その理由は、農業がもっとも、自分の采配の下で、資金の使い方と仕事の内容を決めることができるからである。農業は、かりに土地そのものは借地であったとしても、毎日の作業内容については、各農業者の裁量に委ねられる。畑地を整え、水捌けをよくするためには、どこにどれだけの資金を投下する必要があるか。それは、現場の農業者が一番よく知っていることであり、今日は雨だから整地を見送ろうとか、収穫はこの三日以内に済ませようといった判断も、現場の農業者でなければ適切に行えない。こうした意思決定の一元制と自律性が、もっとも確保されているのが農業であり、スミスが農業をもっともリスクの低い産業として判断した根拠もここにある。逆に言えば、事業の意思決定において、現場にいない者が決定権を持っていたり、事業の所有者が事業の現場に立ち会えないような事業は、それだけリスクが高まり収益も不安定になる。現代の新制度主義にも連なるようなこの発想が、スミスの「企業論」の基本になる。

農業に比べると、製造業は、作業の現場を自分以外の誰かに委ねなければならない場合が多くなる。したがって、それだけリスクも高まることになる。雇った職人がまじめな人間であればよいが、あるいは、現場の監督を委ねた人間が、職務に忠実な人間であればよいが、運悪くそうでなかった場合、資本を失うリスクが高まることになる。それでもまだ、これが国内の製造業であれば、そうした様子を、資本家が自分で監督することができるから、最悪の事態は未然に防ぐことができるかもしれない。しかし、これが外国貿易となったら、自分の資本を投じた品物はすべて、貿易商人という他人の手に委ねざるを得ず、しかもその現場は遥かかなたの海の上ということになる。船荷がひとたび港を離れれば、もはや、彼自身には何もできない。『ヴェニスの商人』のアントーニオのように、自身の「胸の肉片」を賭けた全財産を嵐で失うことになろうとも、かれにはもはや、何もできないのである。

見えざる手と重商主義批判

だから、これほどリスクが高く、それだけ不利な条件の事業には、本来それほど多くの資本が集まるはずはないのである。それが、「事物自然の成り行き」だとスミスは考える。ところが、重商主義はそこを歪めてしまう。その結果、気まぐれな外国からの需要を相手に、外国貿易で一旗揚げようとする者が次からつぎへと現れる。あるいはその下働きとなって、国内の農業者からは見向きもされないような、贅沢な銀細工ばかり作ろうとする職人が次から次へと現れる。それは確かに、物品を製造する者には違いないが、国内の人々が必要とする、生活上の必需品と便益品を製造する者たちではない。したがって、ここは、通説的な解釈とは異なるかもしれないが、スミスが彼らを生産的労働者に含めて考えていたかどうかは、ほんらい微妙ではないかと筆者は思う。生産的労働者の数が少ない国はどうなるか。冒頭にも引いた『国富論』の最初の一文を、ここでもう一度思い起こそう。

この生産物またはそれで購入されるものの、これを消費するはずの人々の数にたいして占める割合が大きいか小さいかにおうじて、国民が必要とするすべての必需品と便益品が十分に供給されるかどうかが決まるであろう。*32

だが、この割合は、どの国民の場合も、次の二つの事情によって左右されるにちがいない。すなわち第一は、国民の労働がふつう行われるさいの熟練、技能、判断力の程度如何であり、また第二は、有用な労働に従事する人々の数と、そのような労働には従事しない人々の数との割合である。*33

この引用文が言う第一の事情は、明らかに分業のことを言っている。より多くの人々が分業に参加し、分業が高度化すればするほど、必需品と便益品がより多くの人々に行き渡るようになる。第二の事情は、「有用な労働に従事する人々の数」、すなわち、生産的労働者の割合が大きければ大きいほど、必需品と便益品の供給が潤沢になることを言っている。そしてその後半にある「有用な労働に…従事しない人々」とは、先に見た不生産的労働者のことを言っているわけだが、重商主義政策の結果、国内の必需品と便益品の生産から引き離された職人たちもここに含まれるものと筆者は思う。そうした人ばかりが増えて、国内の必需品を作る人の割合が小さくなれば、やがては、「国民が必要とするすべての必需品と便益品が十分に供給される」ことがなくなって、イギリスは貧困の国になるだろう。

だから、重商主義はやめなければならないのである。それは、単に富を一部の人に偏らせるからではない。重商主義のようなやり方は、やがて国を貧困に導くのである。そして、重商主義をやめて、いたずらな特権や規制を排しさえすれば、自分の資本を余計なリスクに晒すまいとする人々の利己心が導く結果として、資本投下の自然な順序がおのずと回復する。スミスはこのことを、次のように表現する。

各個人は、自分の自由にできる資本があれば、その多少を問わず、それをもっとも有利に使おうといつも努力するものである。かれの眼中にあるのは、もちろん自分自身の利益であって、その社会の利益ではない。けれども、かれ自身の利益を追求してゆくと、かれは、おのずから、というよりもむしろ必然的に、その社会にとって、もっとも有利な資本の使い方を選ぶ結果になるものなのである。[*34]

なぜなら、

第一に、だれでも、自分の資本をできるだけ手近な場所で、したがって、できるだけ自国内の勤労活動の維持に、使おうとするものである。ただし、この場合、それによって資本の普通の利潤ないしそれに近い利潤が得られることが条件である。…第二に、国内の勤労の維持に自分の資本を用いる人はみな、その生産物ができるだけ大きな価値をもつような方向にもってゆこうと、おのずから努力する。*35

その結果、

外国の産業よりも国内の産業を維持するのは、ただ自分自身の安全を思ってのことである。そして、生産物が最大の価値をもつように産業を運営するのは、自分自身の利益のためなのである。だが、こうすることによって、かれは、他の多くの場合と同じく、この場合にも、見えざる手に導かれて、自分では意図もしていなかった一目的を促進することになる。*36

「見えざる手」という言葉が、『国富論』に現れるのはここ一回だけである。「見えざる手」とはしたがって、重商主義から解放されたイギリス経済が、資本投下の自然な順序を回復する過程を表現する産業構造の原理であって、現代の経済学がそう見なしているような、個々の市場における価格メカニズムのことではないのである。[*37]

それはともかく、重商主義的な規制を排して、経済を「見えざる手」に委ねれば、人々は余計なリスクを避けようとして、結果的に、資本投下の自然な順序を回復させる。そうなれば、後は人々が自分の得意に応じて、自分の職業を自由に選択していけばよい。それがスミスの考える分業社会、市場社会の姿である。

　したがって、資本投下の自然な順序が守られている経済であれば、人々のなかから、不生産的労働を選ぶ人が現れたとしても、それでもって、必需品が足らなくなったり、交換が続かなくなったりすることはない（現に、スミス自身もそうであった大学教授などは、典型的な不生産的労働者である）。だからこそ、誰もが分業と交換の世界に参加できるようになるのである。これといって、他人より秀でたものがなくても、そして自分のなかの比較優位が、たまたま詩を書くことであったり、たまたま芝居をすることであったりしても、誰にはばかることなく、それを自らの生業として、分業の一角に参加すればよいのである。そうすれば、それはそれで、社会が求める価値を創造したことになり、価値を創造した以上、他人の生産物との交換を堂々と要求できる。

　こうして、すべての人に必需品と便益品が行き渡る社会が形成される。これがスミスの考える、市場社会の原風景なのである。

＊1　アダム・スミス、『国富論I』、一ページ（以下、『国富論』からの引用は、すべて、中公文庫版による）

＊2『国富論Ⅰ』、一ページ
＊3『国富論Ⅲ』、二九八ページ
＊4『国富論Ⅲ』、二九九ページ
＊5『国富論Ⅰ』、二八ページ
＊6 その意味で、スミスの道徳感情と、カントの実践理性は、常に視野の両端に置いて考えていく必要がある。カントは、同じ「道徳」がもはや通用しないところから「倫理」の問題が始まるとした。同感の原理を排除の原理に変えないためには、カント的な普遍性への志向が何ほどかは要求されるだろう。ただし、では、その普遍的な倫理性は、それに従おうとする気持ちなり、感情なりに支えられずに済むかと問われれば、やはりそこには、何らかの道徳感情が必要になることも否定できないだろう。これは、古典的にして現代的な焦眉の課題である。
＊7 人に起きる出来事の原因を、人そのものにではなく、人と人との関わり方、その関係性のあり方に求める。その関係性の総体を「社会」と呼ぶとしたら、この瞬間、「社会」は人を取り巻く漠然とした背景の位置から、客観的な研究の対象として前面にせり出すものになる。社会科学はこうして誕生する。経済学は、社会科学として出現した学問であることを、再度確認しておこう。
＊8 アクセル・ホネット『承認をめぐる闘争（増補版）』を参照せよ。「承認」という概念は、そもそもヘーゲル『精神現象学』に由来する概念であり、ヘーゲルの市民社会論を基礎づける概念でもある。ただし、ヘーゲルが、こうした個人観、市民観をもともとスミスから学んでいたことを踏まえれば、論点の継承性は明らかと言ってよいだろう。もっとも、ヘーゲルやホネットが、承認の意識をもっぱら問題にするのに対し、スミスは、他人からの承認を促す契機という意味でも、最低限の物資を備える必要があることを強調する。その意味では、スミスの「承認論」は、承認の意識とともに、最小限の物資を全員に確保するための「再配分」（原語はredistribution）が必要であるとする、ナンシー・フレイザーの理解の方に近かったかもしれない。これについては、N・フレイザー、A・ホネット編『再配分か承認か？』を参照。
＊9 それは、スミスの時代の古典派経済学以上に、一九世紀末以降の近代経済学において、より一層顕著である。近代経済学の歴史は、個人どうしの関わりを想定しなかった一般均衡論時代と、他者との関係性を分析の焦点におくゲーム理論時代とに、大きく分けられるようになったが、両者とも、他者との関係が生じるよりも前に、主体としての自覚を持った個人を想定する点に差異はない。こうした近代経済学の個人像については、井上義朗『コア・テキスト経済学史』、『読む ミクロ経済学』などを参照。
＊10 スミス的な語法で言えば、ここは「承認」よりもむしろ「同感」もしくは「共感」とするべきではないかと誰し

も思うだろう。確かに、「承認」と「共感」は多くの場面で重なるものには違いないが、ではまったく同じ概念として扱ってよいかと言えば、私は、もう少し慎重な検討をした方がよいと考える。

*11 もちろん、何らかの身体的・知的・精神的障がいがあるために、分業に参加したくてもできない人は数多い。それは、健常者が想像するよりもはるかに多いのであって、障がいを持つことは、それほど例外的なことではない。障がいのある人々について、スミスがちょくせつ語っている記述はないと思うが、彼ら・彼女らが必需品と便益品に事欠くようなことがあれば、それもまた貧しい社会と呼ぶべきであることを、スミスの定義は教えている。だから、社会保障制度による生活所得の保障は、スミス的な自由主義と何ら矛盾するものではないのである。また、障がいのある人々が、スミス時代の工場労働にちょくせつ参加することは難しかったかもしれないが、現代においては別の仕方で、そしてそれぞれの特性を活かすやり方で、労働過程に参加することは十分可能である。この可能性を追求しているのが、第4章で取り上げる社会的企業である。スミスの市場社会論、あるいは分業社会論の今日的な意味を考えるとき、社会的企業の出現は必然的な論題になるはずである。

*12 『国富論I』、一一ページ

*13 『国富論I』、一一ページ

*14 『国富論I』、一二ページ

*15 このことから、分業化の促進は、労働の生産性を高めると同時に、労働者を機械的で単調な繰り返し作業に従わせることにもなる。これがもたらす一種の非人間的な性質を、スミスは見逃しているわけではない。それゆえに、スミスは道具や機械の発明によって、人間が単調な労働から解放されることをむしろ歓迎し、そこから解放された人々が、より高度で人間的な仕事に移っていくことを望ましいとする。近頃言われる、AI（人工知能）によって多くの仕事が奪われるという話も、その浸透があまりに早ければ、多くの人の仕事をうばうだけになるだろうが、徐々に進めていくのであれば、人間社会の分業範囲をより広げ、今までにない職業生活の可能性を広げることになるかもしれない。これに備えるためにも、これからの時代には、職種転換と既卒者就労を支援する事業が、それじたい一つの事業分野として確立される必要があると思われる。

*16 『国富論I』、一三ページ

*17 『国富論I』、一四ページ

*18 この場合、アガツさんはトピアくんよりも、両方の生産において絶対優位にあると表現する。

*19 この言葉はよく勘違いされるのだが、比較優位というのは、他人と比較して自分に優位がある分野はどれだ、という意味の言葉ではない（それは、注18にある絶対優位

の話である)。そうではなくて、比較優位とは、あくまで自分(自国)のなかで、相対的に優位のある分野はどれだというときに使う言葉なのである。

＊20 『国富論I』、二二四ページ

＊21 『国富論I』、二〇三ページ

＊22 むろん、犯罪に類するような、他者の自由を侵害するような行為は、社会参加のあり方として是認されないだろう。ただし、そうした行為の排除は、政府や司法といった人の力による以上に(ただし、スミスは行政や司法の存在じたいを否定はしない)、そうした行為は他者からの共感を得られないがゆえに、交換・取引の対象から外されることで、次第に、自らの存立基盤をなくすと考えるのが、スミス的な理解になるだろう。逆に言えば、犯罪的な行為であっても、それが一部の人々から共感を得てしまうと、市場はこれを排除できず、むしろその存続を保つものとして機能してしまうだろう。そうした事例が枚挙にいとまないことは、容易に想像される通りである。

＊23 『国富論I』、五一六ページ

＊24 『国富論I』、五一八ページ

＊25 『国富論I』、五一六ページ

＊26 『国富論I』、五一八ページ

＊27 もちろん、スミスは重農主義から多くの影響を受けている。再生産可能な条件を満たすかどうかで、経済のよし悪しを判断しようとするスミスの基本的視点は、重農主義から学んだものである。重農主義については、平田清明『経済科学の創造』、重農主義とスミスとの関係については、内田義彦『経済学の生誕』、同『経済学史講義』が今なお参照されるべきである。

＊28 『国富論I』、五八五ページ

＊29 『国富論II』、六ページ

＊30 『国富論II』、七ページ

＊31 『国富論II』、九ページ

＊32 『国富論I』、一ページ

＊33 『国富論I』、二ページ

＊34 『国富論II』、一一六－一一七ページ

＊35 『国富論II』、一一七－一一九ページ

＊36 『国富論II』、一二〇ページ

＊37 もちろん、個々の市場で成立する価格が、正常な利潤率を実現させるからこそ、市場間の資源移動が生じて、結果的に、スミスの言う資本投下の自然な順序が回復するのである。だから、両者はまったくの別物にはなり得ず、むしろ一連の過程として理解する必要がある。ただし、現代経済学に、資本投下の自然な順序という発想はない。その意味ではやはり、現代経済学の見えざる手に対する理解の程度は、スミスよりも浅くなっていると言わざるを得ないだろう。

第2章
『国富論』は、今日のような市場経済を描いていたか？

従来の、『国富論』研究では、
市場経済と資本主義経済とを前提的に同一視してきた。
本章では、この常識をもう一度、再考してみたい。
なぜなら『国富論』の今日的な可能性は、この市場経済と資本主義経済との、
そのわずかな隙間の中に隠されていると、私たちは考えるからである。
その試みでのキータームは「競争」だ。
スミスが『国富論』で主張していた競争観は、独占の出現を防ぎ
人々の機会と権利を確保しようとするものであり、効率性の向上を最優先させる
現代的な競争観とは鋭く対立するものだった。この競争観の違いが、
どのようにしてスミスの想像していた市場経済の姿を一変させ、
資本主義経済の暴走を巻き起していったのか、経済学的に深く考えていきたい。

1　市場経済と資本主義は同じものか

貧困論から市場経済論へ

本書は、アダム・スミスの『国富論』を、「豊かさ」を求めた書物というよりもむしろ、「貧しさ」をなくそうとした書物として、読み直そうとしている。第1章では、この観点から『国富論』のエッセンスを再構成してみた。その要点を一言で言えば、生活上の必需品と便益品が国民に行き渡っていないような国は、いくら金銀財宝をため込んでいたとしても、それは貧しい国だというのが、スミスの基本姿勢だった。そして、必需品と便益品を多くの国民に行き渡らせるためには、資本投下の自然な順序に則った産業構造の下で、人々が自由に、自分の適性に合わせて、社会的分業に参加できることが肝心である。それが実現されれば、十分な量の必需品と便益品が生産され、その品々が、人々の自発的な交換を通じて社会全体に行き渡ることで、貧困をなくすことができる。『国富論』という書物は、このような趣旨の本としても読むことができるのではないか。これが第1章での議論であった。

従来の解釈との一番の違いは、資本蓄積論よりも、「社会的分業への参加」に重点をおいて、『国富論』を読もうとしている点にある。国や社会が貧困から解放されるためには、人々が自分の適性に合わせて、社会的分業に参加できる仕組みを持つことが必要になる。言い方を換えれば、分業への参加の仕方として、どれだけの多様性と柔軟性が認められているか、ここに議論の焦点があると考えるのである。分業への参加とは、端的には職業を持つことを意味するが、その社会にどれくらい多様な職種があり、どれくらい多様な就業の仕方があり、どれくらい多様な働き方があるか。それが多様な国は豊かになり、それが狭く限定されている国は、やがていつか貧しくなる。分業論は優れて、市場経済のあり方を問う問題なのである。本章では、この貧困論としての『国富論』解釈をさらに一歩進め、それが市場経済のあり方として、どのような要件を求める議論につながるかについて、考えてみよう。

資本主義経済が未完成の時期に書かれた『国富論』

従来の経済学史研究では、『国富論』は、資本蓄積論に、その真髄があると理解されてきた。[*1] それは確かに精緻な理論とは言えないまでも、資本投下の自然な順序を前提に、資本主義経済がどのようなかたちで、自律的な資本蓄積機能を身につけるに至ったか。これを、歴史上はじめて解き明かしたのが、『国富論』であったと理解されてきた。

こうした『国富論』の捉え方は、基本的にマルクスに由来するが、これは『国富論』研究における、もっとも正統的なアプローチとして、今日でも継承されている。『国富論』研究は、このライトモチーフを共有することで、他を大きく引き離すだけの研究水準を保つことができた。そしてその結果、膨大という言葉が気色をなくすほどの研究蓄積を、築き上げることができたのである。このことじたいに、疑問の余地はない。

しかし、このアプローチはある意味で、『国富論』における「市場経済」と「資本主義経済」とを、前提的に同一視するものとも言える。『国富論』の主題を、資本主義の本質である資本蓄積過程の分析に求めるということは、当然ながら、『国富論』の対象を、資本主義経済に求めるということである。したがってこの理解に立てば、『国富論』は、資本主義経済の成立を前提に、その基本原理を解明しようとした書物ということになる。じじつ、一八世紀末のイギリスは、資本主義経済に向かって力強く邁進していたのであり、もはや、資本主義以外の道筋が残されている段階にはなかったと言ってよい。スミスはそうした時代の息吹を、誰よりも巧みに、また深く捉えることのできた人物であって、だからこそ『国富論』という書物を書くこともできたのだ。

しかし、先にも触れたように、スミスの時代、資本主義はまだ完全には出来上がっていなかった。何をもって資本主義の完成と定義するかは、今となっては難しい問題になったが、少なくとも、資本家と労働者という階級分裂が完成するのは、一八一〇年代から二〇年代にかけてと言われており、資現に『国富論』においては賃銀労働者と、その大きな供給母体になるlabouring poor[*2]とが、いまだ未分離な状態にあることが、そこかしこでうかがわれる。

だから、かりに『国富論』が資本主義経済を目の前にしていたとしても、それは一九世紀以降のような、現代にそのまま直結するような資本主義経済ではあり得ない。そこには、まだ資本主義にはなり切っていない、過渡的な要素が多分に残されていたはずであり、そうした一種混沌とした風景のなかに、スミスは新しい時代への予感を、ある種の期待と楽観をもって感じ取っていたのである。だとしたら、スミスが抱いていた新しい時代への期待と、その後の資本主義経済の現実とを、そのまま同一視してよいかどうか、本当はわからないはずだ。

スミスは、重商主義に象徴される、多分に封建時代の余勢を駆った、権威主義的な政治経済体制がもはや終焉を迎えつつあることを、はっきりと認識していた。そして、人が人を支配する時代に変えて、一人ひとりが自由で自律的な生活を営み、それが自律的な行動であるがゆえに、それらが行き交うなかで一つの秩序が織りなされていくような、そういう社会のあり方に可能性と確信を抱いていたのである。その新しい社会のあり方こそ「市民社会」と呼ばれるものであり、それをその経済的基盤にまで降り立って描き出そうとした書物こそ、『国富論』ではなかったかと筆者は思う。

スミスは、この市民社会、そしてその経済的基盤である市場経済を、資本主義経済がまだ完成しきらない段階で書いている。筆者はこのことが、『国富論』を読むうえで、決定的に重要であると思う。従来の研究の多くは、だからこそ、スミスは資本主義の完成に期待したのだと考える。じじつ、その通りだったかもしれない。その通説を覆すつもりは毛頭ないが、本書では敢えてもう一つの可能性、すなわち、スミスは市場経済に期待したのであって、資本主義に期待したとは限らないという可能性にこだわってみようと思う。もしかりに、スミスがその後の資本主義の現実を、つまり一九世紀中葉や一九世紀末、あるいは現在の資本主義の現実を見たとしたら、これこそ彼が期待した市場経済の完成形だと言って歓迎したかどうか。むしろ否定的な反応すら見せたのではないか。そういった想像に、何ほどかの根拠を求められるかどうかを、考えてみたいのである。

今日、市場経済と資本主義経済とは、ほぼ同義の言葉として使われている。社会主義体制が崩壊する以前は、社会主義的な市場経済もありうるとして(現に中国はそう宣言しているわけだが)、市場経済と資本主義を分けて論じる習慣もあった。しかし、それは今日、ほぼ完全に消えている。

しかし、市場を基盤にする経済とは、かならず、資本主義でなければならないのかどうか。その場合の資本主義とは、私有財産制に基づく営利追求経済を意味すると思われるが、では、市場を基盤とする経済では、たとえば生産の主体である企業は、かならず営利企業でなければならないのだろうか。そうでないと、市場は機能しなくなるのだろうか。その場合よく言われるのは、企業が利益を追求しなくなると、競争が機能しなくなり、競争が機能しなくなれば、文字通り市場も機能しなくなるというものだ。しかし、企業間の競争とは、私的な利益をめぐるものでしか、あり得ないものだろうか。あるいは、利益以外のものをめぐっての競争では、超過需要になっても価格が上がらず、超過供給になっても価格が下がらない、というようなことが起きるのだろうか。それにそもそも、その場合の「競争」とは、どういう現象のことを言っているのだろうか。

このように、ほんの一瞬立ち止まってみただけでも、市場経済と資本主義のあいだには、安易な同一視に疑問を抱かせるような、いくつもの契機があることに気がつくだろう。『国富論』の今日的な可能性は、この市場経済と資本主義経済との、そのわずかな隙間のなかに、隠されているように思われるのである。資本主義に覆われる以前の、したがって資本主義であることを無条件には前提しない市場経済の可能性とは何なのか。『国富論』を題材にしつつ、敢えてこの隙間を覗いてみることのなかに、新しい時代の新しい経済を考えるヒントがあるのではなかろうか。

そこで、ここからは『国富論』における市場経済の本質について、第1章に整理した概要に基づきつつ、それとはまた別の角度から検討してみよう。それは、通常、わたしたちが資本主義経済としてイメージしているものと、どこで重なり、どこで離れるものか。そして、その違いは何に、あるいはどこに、由来するものなのか。そうした辺りに注意を払いながら、『国富論』における市場経済の本質について、考えてみよう。

2 経済学と「競争」

資本主義と競争[*3]

まず、資本主義経済と同じものとした場合の、市場経済のイメージについて考えてみよう。それは、人によって時代によって、あるいは、その時々の状況によって、さまざまに異なるだろうが、それでも、次の一点だけは共有できるのではなかろうか。すなわち、資本主義経済とは、市場競争を原動力とする果てしない経済成長（資本蓄積）の過程である、というイメージである。

市場とは、交換と競争のネットワークである。企業は、自らの製品と貨幣を交換するために、消費者という交換相手を獲得する必要がある。その交換相手を一人でも多く獲得するために、企業は、ライバル他社とし烈な競争を繰り広げなければならない。競争の手段には、価格はもちろん、品質、イメージ、アフターサービス、付帯サービス等、数々のものがあるが、それでももはや十分ではない。現代の競争は、何々をめぐる競争としてはじめから自覚されるものではなく、むしろ新たな競争を他に先駆けて編み出し、ライバルが気がつく頃には、先発者としての優位性を確保しておくという、そういうメタレベルでの競争が、現代の競争の実態になっているだろう。

競争力を高めていくには、何より従業員の能力を高めていく必要があるが、その能力を存分に発揮させるためにも、企業は設備投資を怠るわけにはいかない。現代の企業は、製品の価格以上に、デザイン、イメージ、宣伝を通じての知名度といった、製造費用とは別個のマーケティング費用をふんだんに投じない限り、競争に生き残ることはできない。現代の設備投資は、こうしたマーケティング力の向上につながる要素を多分に含むものでなければならず、他方でこうした要素は、機械的な効率性には置き換えられない、人的な能力に大きく依存するから、今日、人件費と設備費の境目はますます曖昧なものになりつつある。とはいえ、かくして多数の企業が設備投資を行うことによってはじめて、経済全体の有効需要が高まるのであり、有効需要の裏づけがあってはじめて、生産量と付加価値の増加を実現することができるのである。一般的に経済成長と言われている現象は、こうした過程の総体として現れるものである。

したがって、企業間の競争が緩むと、それは行き着くところ、経済成長を抑制することになる。企業間競争は、消費者にとっての便益を高めると同時に、じつはそれ以上に、経済成長の源泉として重視されているのである。だから、競争をなくすわけにはいかない、と言われるのである。本来、企業が設備投資に踏み切るには、収益見通しに対する楽観的な期待がまず必要であり、それはミクロ的な競争よりも、マクロ的な経済全体の動向に、つまりは経済成長への見通しに依存するものなのだが、その経済成長がそもそも設備投資に由来するからには、設備投資を抑制しかねない競争の弛緩だけは、あってはならないという理解になる。

かくしてわたしたちは、競争に追われ続ける日々を送ることになる。そうした日々に辟易としながらも、競争に異議を唱えることは規律違反に等しく、結局は競争を受け入れていく。ただし、ただ受け入れているのではない。「受け入れるからには、勝たねばならぬ」と心ひそかに自分を躾け、気がつけば、明日の競争に備えている。

現代の市場経済に向ける一般的なイメージとは、おおよそこのようなものではないかと想像するが、ここで一つ注意を向けておきたい言葉がある。今の祖述のなかでも頻繁に出てきた「競争」という言葉である。ふだんわたしたちは、競争という言葉にそれほどの注意を払わない。競争はごくありふれた、日常的な言葉として使われているから、経済学的な議論を行う場合でさえ、概念としての慎重な検討が加えられることはほとんどなく、それでも誤解なく意味内容を共有できるものと思われている。ところが、物事の認識が分かれる分岐点とは、大抵こういうところに隠されているものである。わたしたちは本当に、競争という概念を理解しているだろうか。

競争と一言で言っても、それがゲームやスポーツの場面で使われる場合と、競争試験などで使われる場合とでは、その意味や趣に何ほどかの違いがあることは、わたしたちも承知している。しかし今日、こと経済に絡めて競争が言われるときには、それはほぼ例外なく、優れた者は選ばれて生き残り、劣る者は選ばれずに淘汰されるという、そういった趣旨の言葉として理解されているだろう。その結果、かりに市場を独占するほどの企業が現れたとしても、それが正当な競争の結果である限り、それ自体に異を唱える理由はないとされる。つまり、現代の競争観は、場合によっては独占を許容する競争観でもあることに注意する必要がある。

いささか大仰な感があるとはいえ、いわゆる「弱肉強食」という一語は、そうした競争の感触をよく伝えるものであり、そうした脅威に晒されているからこそ、労働者は仕事に励み、企業は価格を抑え、設備投資に踏み切るのだと考えられている。これは自由経済の自然な帰結なのであり、競争という言葉じたいに、それ以上の含みがあるとは、普通誰も考えない。

そもそも経済の競争には、始まりもなければ終わりもない。よーいドン！　でいっせいにスタートを切り、最初にゴールを通過したのは誰、ビリッケは誰と、はっきり勝敗がわかるようなものでもない。競争は気がついたら始まっているのであり、明日も続けば明後日も続く。今日、たまたま結果がよかったからといって、それで勝利が約束されるわけではない。明日は明日で、また一からやり直さなくてはならず、少しでも気をぬけば、明日、決定的な敗北を喫するかもしれない。だいいち、何が勝利で何が敗北なのかもよくわからない。黒字を出したら勝ちなのか、マーケットシェアを伸ばしたときが勝ちなのか。敗北とはすなわち倒産を意味するのか、それともROEが下がったら、それだけでもう敗北なのか。競争の目的も結果もよくわからないまま、しかしそれでも、競争を続けることだけは、決まっているのである。

だから、みな一日として、気を休めることはできない。しかも、それは何かの目標に向けて自身を緊張させているのではなく、具体性のないすべての事態に備えて、身構えているのである。それは、上司から言われて仕方なく従っているのとも違う。それならまだ、抗う気持ちの一つでも残すことができるだろう。競争への身構えを怠ったときに、叱責と非難の目線を送ってくるのは、むしろ横にいる同僚たちである。競争への身構えができていない者は、今の時代、何より周囲からの「共感」を得られないのである。あるいは、競争のルールを犯している者を、もっとも厳しく審査し告発するのも、審査当局ではなく、不利を被るライバルたちである。競争はお互いの見張り合いを通じて、そのルールを浸透させるのである。それは、上からの権威などより、いっそう徹底している。子どもに「勉強しろ!」と凄んでみたところで聞き流されて終わりだが、グループ・ワークと称して競争させれば、放っておいても真剣になる。競争とは個々の自発性を促すようでいて、その自発性の源に社会のルールを仕込んでいくものなのである。それは、おそらく人類史上もっとも巧妙な、統治の手段に他ならない。*4

こうして、お互いに日々交し合う目線を媒体に、競争は、規則よりも法よりも強く、わたしたちの行動と心理を統べるものになる。これが現代の市場経済の、おそらくは、ごくありふれた風景なのである。

市場経済と競争

しかし、このように現代経済の風景をたどればたどるほど、わたしたちはむしろ、スミスの世界から、どんどん離れていくように感じる。第1章で見たスミスの市場経済とは、何かまったく別の舞台を見ているかのような、そんな気にすらなるのである。だが、それは本来、おかしなことだろう。なぜと言って、スミスの『国富論』が、時代は違うとはいえ市場経済の原型を描いていたのなら、見た目はともかく、本質的には現代の市場経済に通じる議論を展開していたはずである。だのに、なぜ、このような違和感が出て来るのだろうか。

スミスが描いていた市場経済は、一人ひとりが自分の得意(比較優位)に応じて、自らの生業を選び取り、その成果を互いに交換し合うことによって、必需品と便益品を満たしてゆこうとする世界であった。そうすることで、誰もが経済に参加し、誰からの支配も恩顧も受けることなく、誰もが貧困から解放されている。そういう世界のはずであった。もちろん、『国富論』の主題が資本蓄積論にあることからも明らかなように、スミスの市場経済は貧困から解放されたところで、そこに止まるだけの経済ではない。そこから始めて、社会は少しずつ富を蓄えていく。その種の楽観的な展望が、スミスの市場経済論にはある。それはまさしく、産業革命時代の息吹を感じさせるものであって、次の世代のリカードやマルサスと比べて、スミスの経済学が「明るい」と言われるのも、この資本蓄積（経済成長）への期待と確信に由来するところが大きい。

しかし、ではスミスの市場経済論も、現代の市場経済論と同様、資本蓄積の原動力として、それこそ生き馬の目を抜くような、そしてわずかでも隙を見せようものなら、自己の領分を奪い取られかねないような、アクティブで、エネルギッシュで、それゆえいささか鬱陶しくもある競争の世界を描いていたかというと、どうも少し印象が違うのである。

言うまでもないが、市場経済には競争が必要であることを、歴史上誰よりも強調した人物がアダム・スミスである。だから、スミスが競争の効用に悲観的であろうはずはないのである。では、スミスが『国富論』で描いていた競争とは、どのようなものであったか。それは、今しがた整理した資本主義的な競争と、全く同じものであったかどうか。ここは、少し詳しく見ていこう。まず、次のような文言がある。

およそ一つの社会、一つの地域には、労働と資本の異なる用途ごとに、賃銀ならびに利潤についての通常率または平均率というものがある。[*5]

これらの通常率または平均率は、ふつうそれが相場になっている時と所での、賃銀、利潤、地代の自然率と呼ぶことができる。[*6]

この「自然率」という概念について、スミスはおおよそ次のような説明を与えている。

ある商品の価格が、それを産出し調整し市場に運ぶのに用いられた土地の地代、労働の賃銀、資本の利潤を、それらの自然率にしたがって支払うのにちょうど過不足のない場合には、その商品は、自然価格ともいうべき価格で売られているのである。[*7]

こうした利潤をかれのもとに残してくれるような価格（自然価格のこと：引用者）は、かならずしもつねに商人がときとしてその財貨を売ることもある最低のものとはいえないが、かれが相当の期間にわたってひきつづき売ってゆける最低の価格である。少なくとも完全な自由があるところ、いいかえると、かれがその職業を何度でも好きなだけ変えられるようなところでは、そうなのである。[*8]

すなわち、自然率というのは、一言で言えば、同じ商品の再生産に必要十分な価格か、あるいは利潤率に代表されるものと言ってよいだろう。いま生産しているのと同じ商品を、もう一回生産するのに必要な費用を過不足なく回収できる価格、これをスミスは自然価格と呼んでいるのである。したがって、それは差し当たり、同じ規模の生産を繰り返すことが念頭に置かれており、生産規模を拡張するのに必要な価格や利潤率であることを必ずしも前提にはしていない。そうした水準に、市場や経済を導くもの、それがスミスにおける「競争」なのである。こうした競争観と、彼の市場経済観とがどのように結びついているか。それを理解することが、ここでのポイントである。

自然率の実現を導くメカニズムは、今日言うところの、市場メカニズムとそれほど違うものではない。図2−1にそれを示そう。これは、ある商品についての需要・供給均衡図である。スミスの時代には、まだこうした図を使って議論をする習慣はなかったけれども、これによってスミスの意図が大きく歪められることはないだろう。

この図の見方について、簡単に説明しておこう。需要曲線とは、この商品を買い求める側、すなわち、消費者の行動を表わしたものである。消費者は一般的に、商品の価格が高いときは購入を控え、価格が安くなるに従い、購入量を増やそうとするだろう（あるいは、新規の購入者も現れるだろう）。こうした事情を反映して、商品に対する需要曲線は、価格に対して右下がりに描かれる。

他方で供給曲線とは、この商品の生産者または企業の行動を表わすものだが、より直接的には、商品の製造原価の動きを表わすものである。経済学では、（今でも）原則的に、商品の生産量が増えるに従い、製造原価が次第に上昇していくと考える。よって、それだけの原価を回収できる商品価

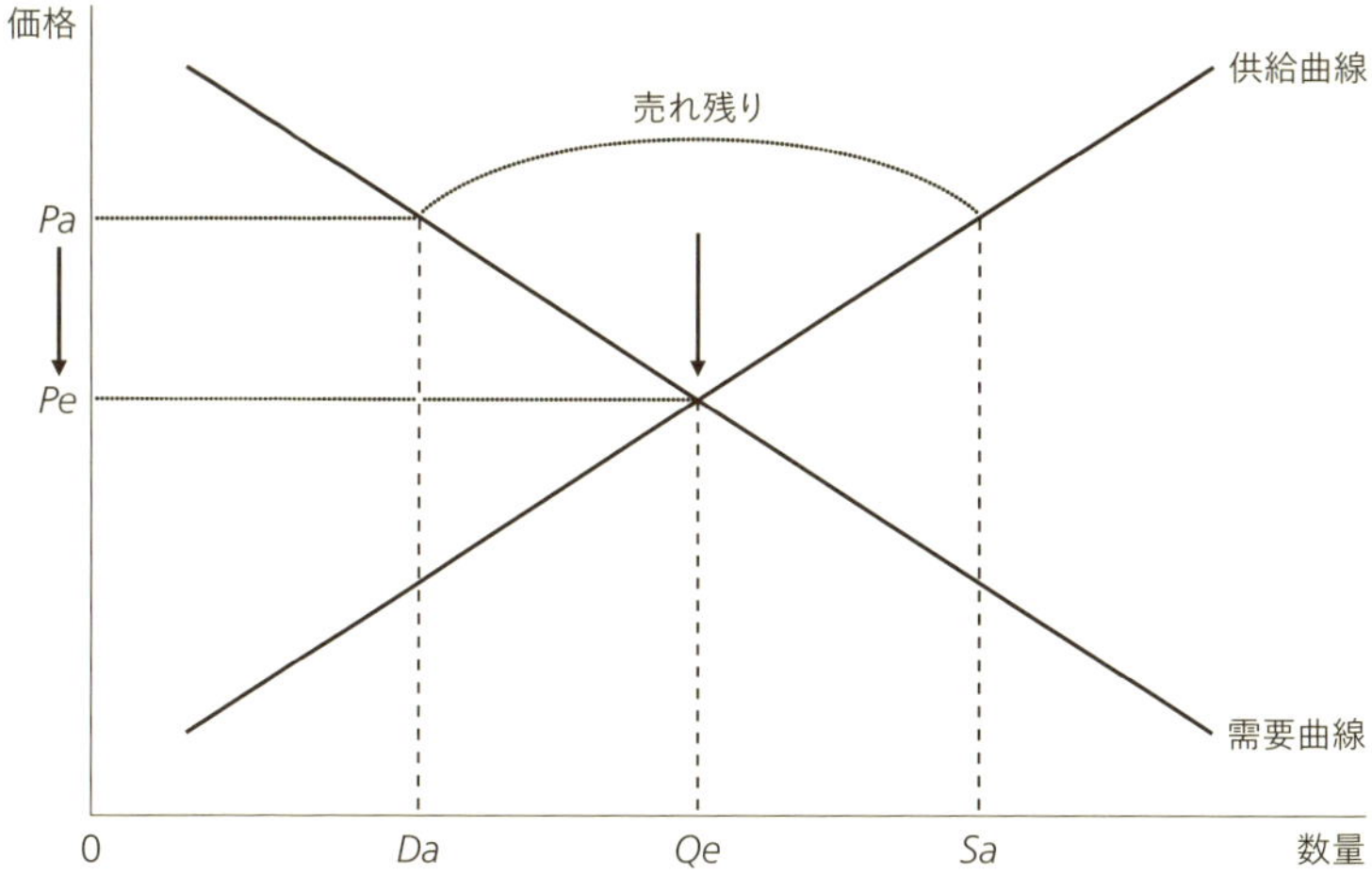

図2-1　市場メカニズム

格が期待できない限り、企業（生産者）は増産を決意できない。こうした事情を反映して、供給曲線は右上がりに描かれるのである。

　したがって、このような右上がり供給曲線を描くときには、生産規模の拡大とともに、何らかの事情によって生産効率が悪化し、そのため製造原価が逓増していくという事態が前提されていることになる。なぜ、そうなるのかについては、そして、それがいかにも、現代には当てはまりそうもないことについては、本書の主題に深く関わる問題として、次章以降で述べることにする。今は、とにかく、そのような前提の下で、供給曲線が描かれているという事実を知っておいてもらえればよい。

　需要曲線、供給曲線がこのようなものとして与えられると、二つの曲線は図中のどこかで、かならず一回交わることになる。この交点においては、需要と供給が一致して、売れ残りも品不足も生じない。これが、いわゆる市場均衡と言われる状態であり、市場均衡をもたらす価格、すなわち、この交点に対応する価格Peを、スミスは市場価格と呼んでいる。

市場価格の実現を描くのが、いわゆる市場メカニズム論である。これについても、簡単におさらいをしておこう。

今、市場での価格がPeではなく、なぜかそれよりも高いPaのような水準にあったものとしよう。価格Paの下では、消費者はこれを高価と考えて、需要量をDaにまで低下させるだろう。他方で、Paという高い価格が期待できるのであれば、そこまで製造原価を引き上げても大丈夫だから、企業はSaまで供給量を増やそうとするだろう。そうすると、市場では、図に波線をつけたように、供給量が需要量を上回る部分が出てくる。すなわち、売れ残りが発生してしまうのである。

売り切れない商品を作り続けることは、企業にとっても損害であり、社会にとっても資源の無駄遣いである。これは何とか解消する必要があるわけだが、それはおのずと解決される。なぜなら、売れ残り品を抱えた企業は、このままでは仕方がないので、余った商品をいくらか安くして処分しようとするだろう。同じ商品が安く売りに出されたことを消費者が知れば、消費者はこぞってそちらを買い求めようとするだろう。そうすると、他の企業も客を奪われまいとして、すなわち、競争上やむを得ない判断として、商品の値下げに追随してくるだろう。

かくして、商品価格の低下が始まる。価格の低下は消費者の需要量を増加させ、企業の生産量を低下させるから、需要と供給のギャップは次第に縮小していくだろう。しかし、それでも供給が需要を上回っているあいだは、価格は低下し続ける。その結果、やがて市場は、需要曲線と供給曲線の交点に行き着くだろう。すなわち、その交点に対応する価格*Pe*が実現することになるだろう。この価格に到達すれば、もはや需要と供給のあいだにギャップは生じない。したがって、売れ残りも発生しなくなるから、それ以上に価格が低下する理由もなくなる。こうして、商品の市場価格が実現するのである。

さてしかし、こうして形成された市場価格が、同時に自然価格でもある保証は、差し当たりない。しかし、スミスは、この差もまた、市場の働きに依って自ずと解消されるものと考えた。すなわち、市場価格は短期的には、自然価格と違う値を取りうるが、時間をかけるに従って、次第に、自然価格へ引き寄せられていくはずだと考えていた。なぜなら、

自然価格というのは、いわば中心価格であって、そこに向けてすべての商品の価格がたえずひきつけられるものなのである。さまざまな偶然の事情が、ときにはこれらの商品価格を中心価格以上に高く釣り上げておくこともあるし、またときにはいくらかその下に押し下げることもあるだろうが、このような静止と持続の中心におちつくのを妨げる障害がなんであろうと、これらの価格はたえずこの中心価格に向かって動くのである。*9

なぜそうなるかと言えば、今かりに、図2―1の市場価格が自然価格（これは図に示されていない）よりも高かったものとしてみよう。これは、同じ商品を再生産するのに必要とする以上の収益が、この価格から得られることを意味するから、その利益に引き寄せられて、企業の新規参入を引き起

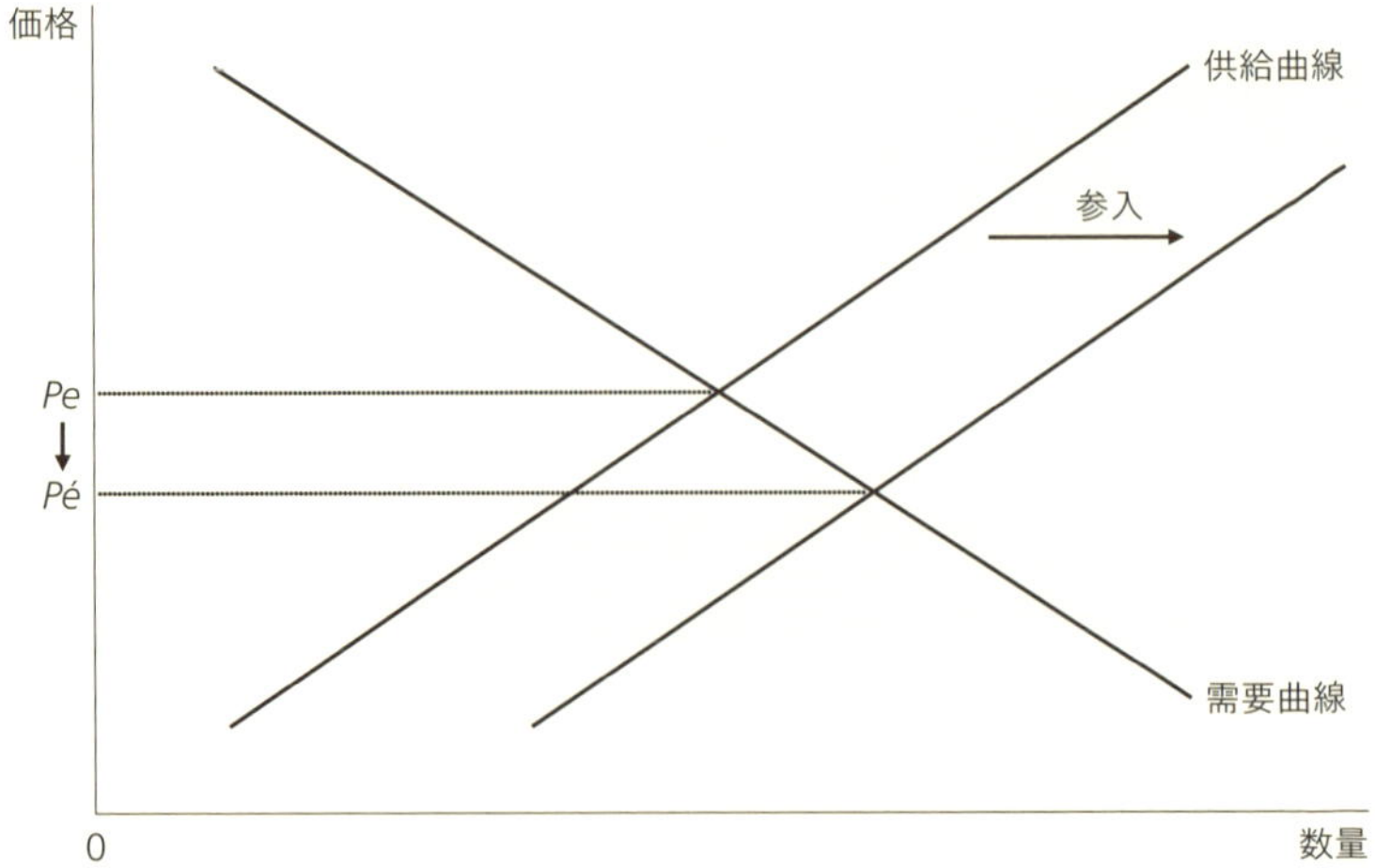

図2-2　新規参入の効果

こすだろう。これは、それぞれの価格の下で現れる商品生産量が全体的に増加することを意味するから、参入の結果、供給曲線は全体的に右に移動するような動きを示すだろう。それを図２－２に示そう。

その結果、今までの市場価格はもはや均衡価格ではなくなり、それよりも低い*Pé*が新しい市場価格になる。この*Pé*が市場価格になるプロセスは、先の図２－１の場合と同じである。*Pe*はもはや市場均衡をもたらさず、図２－１の波線部分と同じような売れ残り部分を生み出すことになるので、先ほどと同様の過程を経て、市場は*Pé*という価格に、自ら収束してゆくことになる。

この*Pé*がなお自然価格よりも高ければ、今と同様の展開が繰り返されることになるだろう。したがって、こうした展開のいわば必然的な帰結として、市場価格と自然価格の一致がやがて実現するはずである。そうなれば、そのときの市場価格で、もはや再生産をギリギリ維持する以上の収益は上げられなくなるから、新規参入も停止するだろう。[*10]こうして、自然価格が実現（もしくは発見）されるのである。

もちろん、こうした調整にはそれ相応の時間がかかるし、すべての市場が常に足並みを揃えて動くわけでもない。だから、どの時点で見てみても、ある市場においては、市場価格が自然価格を上回っていたり、別の市場では、自然価格を下回る市場価格が調整されずに残されていたりするだろう。だから、スミスは自然価格を、さまざまな市場価格を均してみたところの「平均値」として表現したのである。

近代における競争の役割とは

さて、この一連の過程で、「競争」が果たした役割は何であったかを、改めて考えてみよう。それは今見た通り、一言で言えば、市場価格を自然価格へ導くことにある。図2－1で価格が*Pa*に止まらずに低下を始めたのは、自己利益を優先して、売れ残り品の処分を始める企業が現れたからである。そして、その行動に他社が追随したのは、歩調を合わせようとしたからではむろんなく、そうしなければ自分のお客を奪われてしまうので、競争上やむを得ず、そうしたのである。

これがもし、この市場が独占企業の支配下にあったり、あるいは企業どうしが競争を避けて同調的な行動を取っていたりしたならば、独占企業や同調企業は、供給量を意図的に*Da*にまで引き下げて、*Pa*という高い価格を維持しようとするかもしれない。

独占者たちは、市場をいつも供給不足にしておくことによって、すなわち有効需要を十分に満たさないことによって、自分たちの商品を自然価格よりもずっと高く売り、かれらの利潤を、それが賃銀であれ利潤であれ、その自然率以上に大きく引き上げようとするのである。*11

こうした価格支配力を誰も持てないのが、あるいは相手の裏をかいて、いち早く価格切り下げに打って出られるのが、競争という環境である。その結果、価格は自然価格 *Pe* にやがて達し、*Pa* のときよりも多くの消費者が、商品を手に入れられるようになる。必需品と便益品が行き渡るには、こうしたメカニズムが必要なのである。

こうした過程は、現代の経済学においては、「市場不均衡の解消」として、それこそ一言で片づけられてしまう。なぜ不均衡がいけないかと言えば、それは需要に見合った供給が行われていないから、すなわち、資源が有効に利用されていないからである。しかし、スミスの時代に、あるいはスミスのなかに、こうした効率主義的な発想はまだない。

この一連の過程にスミスが与えた意味合いは、もう少し別のところにある。それはしかし、現代の経済学よりもよほど素直な姿勢であり、言わば、そこに描かれていることを、そのまま受け止めようとするものである。すなわち、スミスの理解は、価格がその本来あるべき自然価格から、何らかの理由によって離れようとしたときに、市場はけっしてそれを許容しないという点にあった。市場は、市場価格が自然価格を超えていくことを、あるいは、市場利潤率が自然利潤率を超えていくことを、けっして許容しないのである。

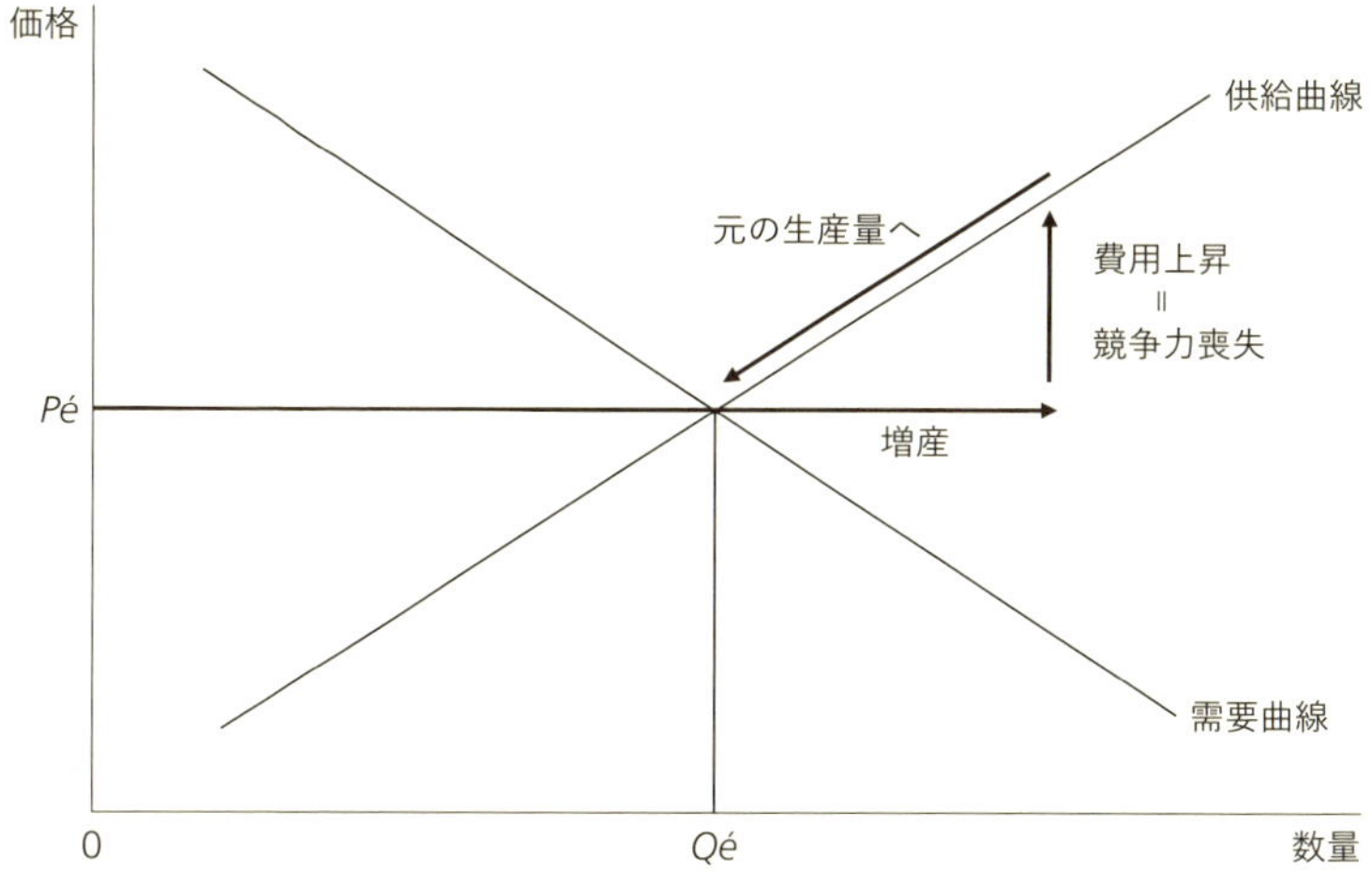

図2-3 競争による増産の抑制

自然価格・自然利潤率は、現状の再生産に必要十分な利潤をもたらすだけだから、その下にいる限り、ある企業が他の企業や他の生産者を押しのけたり、吸収したりすることはできない。すなわち、他者の存在を否定し、その領分を次々に飲み込んでいくような巨大な強者の出現を、このメカニズムは、あらかじめ阻止しているのである。

あるいは、次のような解釈もできるのではないか。図2－3を見てほしい。これは図2－2で自然価格が実現した後の状態を示したものだが、自然価格*Pé*の下で、いま*Qé*という量の生産が市場全体で行われている。この*Qé*という生産量は、じっさいには無数に近い多くの小規模企業の、ささやかな生産量の合計として得られるものである。さて今、そのなかから他社を押しのけてでも、自社の生産量を増やそうとする企業が現れたものとしよう。市場は、こうした存在をそのまま許すだろうか。

図2－3に依れば、そうした企業が生産の拡張をはかろうとすると、その途端、その追加的な生産量部分について、製造原価が上昇することがわかる。日下の議論では、企業間の技術力の差は想定されていないので、製造原価を表わす供給曲線の位置や高さは、すべての企業においておおむね同等と見做してよい。

したがって、そのなかのある企業が増産をはかれば、それは図2－3の供給曲線が示す通り、その増産した部分については、他の生産量部分よりも、製造原価が高くなるのである。競争のなかにあるその企業は、その部分についてのみ価格を高くして、高い原価を回収するような力は持っていない。つまり、その部分についても、他の部分と同じ*Pé*という価格で販売しなければならない。だとしたら、その増産部分はかならず赤字になるから、この企業はそうした増産を、敢えて行おうとはしなくなるだろう。すなわち、一時的に増産を試みることはあっても、結局は、他社と同じ元の生産量に引き戻されることになるだろう。

この図をこのようにして読む習慣は、現代経済学のなかにはないけれども、ここで競争は、各企業に自社の領分を守らせる機能を果たしている。すなわち、スミスの世界における「競争」は、経済をそれぞれの自然率へ回帰させ、そこに止まらせる機能を担うものであって、今日のように、優れた者が劣った者を打ち倒し、他を圧倒するほどの強者が現れることを正当化するような意味合いは、およそまったく持ち合わせていないのである。

人々が自分の得意に応じて、自らの生業を選び、その成果を互いに交換し合うことで、貧困に陥らない生活を営んでいくためには、その生活のあり方が、他者によって否定されたり、滅ぼされたりするようなことがあってはならないだろう。この肝心かなめの部分の保証を、王や一握りの権力者の心持ちに依存するしかなかったのが、前近代までの社会である。そして、そのように、人が人の恣意の下に生きる、あるいは生きさせられる社会を脱しようとしたところに「近代」の挑戦があった。アダム・スミスとは、その近代の可能性に賭けた思想家なのである。

だから、スミスは分業と交換の秩序を、人の恣意に依るのではない、何か別のものに託す必要があった。その何かこそが市場であり、競争なのである。市場は誰か特定の人物の恣意によって動くものでも、動かせるものでもない。市場は、名もなき個人と個人がやり取りをするなかで織りなされていく関係の総体にすぎない。そうした、誰の恣意にも属さないメカニズムによって、社会の根幹を維持していくこと、ここに市場経済の近代性としての意義があったのである。したがって、市場経済を否定することは、近代性の否定を意味することにもなりうる。このことを、わたしたちはまず、認識しておく必要がある。

経済学という学問は、この「近代性」という概念を、ほとんどナイーブと言えるほどに、純粋に継承してきた学問なのである。元より概念は概念であって、それがそのまま現実化するわけではない。それは、時代が下れば下るほど、現実とのあいだに、大きな溝を感じさせるものになった。また、市場には、いくつかの大きな欠陥があることも、もはや明らかである。いわゆる「市場の失敗」には、資本主義に由来するものと、市場原理そのものに内在するものとが、区別されずに議論されているきらいがあるけれども、それはさておき、市場がそれだけでは、スミスの期待したような、多くの人のささやかな生活を守るものとして、十分な役割を果たせないものであることは、もはや否定しようのないことである。[*12]

にもかかわらず、市場メカニズムのメリットを説く経済思想が、特に欧米社会において、いまだに多く支持される理由は、市場のデメリットを無視しているからでも、狂信的な市場信者がいるからでもなく、それがいくら現実から遠いものに見えたとしても、欧米社会が近代性の起源を自ら否定することは、彼らの出自を否定するにも等しい、およそあり得ない行為になるからなのである。日本で市場万能主義を唱えた人々は、果たして、こうした事情に多少なりとも思いを馳せたであろうか。

だから、人や企業が、経済学の理論通りには行動していないとしても、そのことを示すだけでは、経済学の遺伝子ともいうべき「近代性」を乗り越えることはできない。もし、これを本当に乗り越えようとするなら、「近代性」に代わる新たな思想的基盤を創造しなくてはならない。

しかし、そのような試みに踏み出す前に、なぜ「近代性」に忠実であることが、今日では、現実から離れて行くような印象を与えるのか、このことをまず問わなくてはならないだろう。そうした問いを経ぬまま、経済学をただ単に、今の現実に寄り添う方へ近づけていくことが、本当に学問としての、あるいは社会科学としての成長を意味するのかどうか。今問われるべきは、これであろう。

3 コンペティションとエミュレーション

二つの「競争」

話を元に戻そう。こうして整理してみると、スミス的な市場経済像と、現代の市場経済像とのあいだには、断絶にも近い差異が感じ取れる。この差異は何に由来するのか。これは、経済学の歴史のすべてに関わる、浩瀚な研究を必要とするテーマである。しかし、半ば思いつきにせよ、そこに接近していくための、いくつかの手がかりを探ることはできる。

その一つが、先ほどらい言及している「競争」という概念である。スミス的な市場経済像と、現代の市場経済像では、競争の果たすべき役割に、あるいは競争に期待される役割に、何か根本的な違いがあるように思われるのである。先にも触れたように、わたしたちは、競争に種類があるなどとはふだん考えない。しかし、市場原理の根幹を支える競争の理解に間違いがあるとしたら、それは取りも直さず、市場原理そのものへの理解を間違えることになるだろう。だから、これはけっして無視できる問題ではないのである。

先に整理したように、スミスにおける「競争」とは、経済を自然状態に引き寄せる、もしくは自然状態に回帰させる役割を担うものである。独占は、市場からこの機能を奪ってしまう。もし、市場にこの機能を期待できないとしたら、自然状態への回帰は、独占者に匹敵するほどの力を持った「人」（それは王かもしれないし、政府かもしれない）によって果たされなくてはならなくなる。これはしかし、一歩間違えたら、前近代社会への退行になる。だから、スミスはこうした事態を何より警戒したのである。独占者を出現させないこと、他者を押しのけるような存在を生み出さないこと、これがスミスの競争に託された、もっとも重要な任務だった。図2－1から図2－3にかけての議論は、このことを端的に物語るものである。

これに対して現代の「競争」は、その主眼をはじめから、経済の効率性に置いている。企業どうしが競争することで、商品の価格が安くなり、品質の向上がはかられる。生産効率を向上させることが、現代の競争の任務である。そして、これを学問的に正当化してきたのが、経済学の競争理論であった。

ただし、ある時期までの経済学は、生産効率を高めるためには文字通りの競争が、すなわち、小さな無数の企業どうしによる競争が必要だと考えてきた。近代経済学でいう完全競争論という概念が、それを象徴するものだった。この考え方によれば、独占企業は、競争の脅威に晒されないので、とうぜん、効率性を損なう存在になるものと考えられた。

ところが、おおむね一九八〇年代頃から、すなわち、新自由主義が台頭するようになる頃から、こうした大企業観に変化が見られるようになった。すなわち、なぜ市場を独占できたかといえば、それは、その企業が他の企業よりも、それだけ効率性に優れていたからだ、と考えられるようになった。だからこそ、競争の結果、唯一生き残った勝者として独占企業が現れるのであって、したがって、そういう企業に市場を委ねた方が、効率性に劣る無数の企業に任せるよりも、よほど消費者の利益を高めることになるはずだ、とも考えられるようになった。

現代の「競争」観は、ある意味で、この企業観と整合的である。たしかに、独占を形成するほどの優秀な企業であっても、それで安心してしまえば、やがてはその効率性を失ってしまうかもしれない。それに、いちど勝利をおさめたからといって、それでもって安心できるわけではない。なぜと言って、一度は後手に回った他の企業たちも、早晩こちらの優位性を模倣し、明日には何らかの改良を加えたビジネス・モデルをひっさげて、新たに挑戦してくるに違いないからである。追いつき追い越せの競争から逃れることは、独占企業ですらできないのである。

実際、独占市場といっても、文字どおり一社だけで独占している市場は稀であって、たいていは上位数社による寡占状態に止まるのが普通である（それ以上の競争は、共倒れを招く危険性があるからである）。ならば、（カルテルのような違法行為に走らない限り）その寡占企業どうしの競争は続くのであって、そうした模倣と改良が繰り返される限り、大企業であっても効率性を失うことはないと、この競争観では考えるのである。

スミス的な競争観は、独占の出現を防ぐことで、人々が経済に参加する機会と権利を確保しようとするものだった。それに対し、現代的な競争観は、独占の出現を許してでも、効率性の向上をはかろうとするものである。両者は、同じ競争という言葉を使ってはいても、その目的が基本的に異なるのである。スミス的な競争においては、誰かを打ち負かすことが直接の目的になる必要はないが、現代的な競争においては、打ち負かすべき相手の存在は、明確に自覚されなくてはならない。

もちろん、スミスの世界においても、人並みの水準を維持することを怠った場合には（たとえば図2－1）などで、同じ高さの費用水準を維持できず、より高い費用曲線（供給曲線）を持つようになったら、当然市場から淘汰される。だから、スミスの競争に効率性の観点が含まれていないわけではない。ただそれは、誰かによって打ち負かされた結果というよりも、いささか古めかしい表現にはなるが、自身の鍛錬を怠った結果なのである。自身の日頃の行いが自身の身に返ってくる。ゆえに、スミスの競争は自分自身を見つめ直す契機を含むものとして、内省的で内向的な競争とも言えるものである。そうして自分自身を対象化し、自身で自身のあり方を改めていくのが、近代的な自律的個人の理想であって、その点でも、スミスの競争観は近代市民社会論と整合的である。

それに対して、現代的な競争観は、こうした自己分析を否定するものではないが、その結果を次の戦略に活かすのでなければ、それはただの反省にすぎないと考える。その目線は常に他者へ向けられている。よく言えば外向的だが、一歩間違えれば好戦的にもなる。自己を見つめ、相手を観察することの意義は、他者にあって自己にないものを発見し、それを吸収して自己の力に変えることにある。模倣こそが競争の基本なのである。そのうえで、そこに自分ならではの改良を加え、それによって相手を乗り越えていこうとする。乗り越えらえられた方は乗り越えられた方で、やはり同様の分析と発見によって、相手を模倣し、これを乗り越えてゆく。そういうことを互いに繰り返す切磋琢磨の過程こそ、現代の競争観を象徴するものである。

したがって、この競争観に「淘汰」という結論は、じつはないのである。一度負けても、それは次の挑戦で取り返せばよいのであって、そうやって互いに互いを成長させ合う関係が競争なのである。淘汰されるとは、その切磋琢磨の過程を自ら降りることの宣言でしかない。それはしたがって、競争からの逃避であって、競争の結果ではない。こうした競争観が新自由主義、市場主義の根底にあることは言うまでもないが、それは当時からよく言われた、スミスの競争観にちょくせつ由来するものではないのである。

コンペティションからエミュレーションへ

もちろんスミスとて、こうした競争観を知らないわけではない。それどころか、個人としての技能や学芸の向上には、切磋琢磨としての競争が必要であることを認めている。ただし、そうした競争についてかたるとき、スミスは同じ競争であっても、通常のコンペティション（competition）とは区別して、これにエミュレーション（emulation）という別の表現を与えている。エミュレーションには、競争や競争心といった意味合いの他に、「同化する」という意味合いがある。「模倣」としての競争観をよく表わす言葉と言えるだろう。

繰り返しになるが、ここでコンペティションとは、スミスをはじめとする古典派から、おおよそ一九七〇年代までの新古典派経済学に共有される伝統的な競争観で、競争を競い合いのような行動の側面で捉えるのではなく、むしろ、いつ淘汰されてもおかしくない競争状態、もしくは競争環境の意味で競争を捉える発想を言う。そして、そうした競争環境の下で、各人は他者に後れを取らないように自己のあり方を問い、自身の水準を保とうとする。そういう自律的で、内省的な自己意識のあり方を求めるのがコンペティションである。したがって、その意識は常に、競争相手よりも自分自身の方へ向けられる。競争に負けるとすれば、それは相手が強かったからではなく、自分の準備が足りなかったからだと考える。このように、競争を自己の内面を深める契機として捉えようとするのが、コンペティションの発想である。

これに対して、エミュレーションは文字通り、競争を競い合いの意味合いで捉えようとする。競争とは、相手を分析し、相手の良いところを吸収し、それによって相手を乗り越えてゆく行為である。文字通り、追いつき追い越せの競争、切磋琢磨の過程としての競争、それがエミュレーションである。競争に負けるとすれば、それは、自分がまだ持っていない何かを相手が持っていたからである。それが何かを分析し、それを自分も身につけるようにすれば、次の競争ではかならず勝てるはずだと考える。したがって、その意識は自己の内面よりも、他者の観察と他者への戦略の方に向けられる。このように、競争を自己を強化する手段として捉えようとするのが、エミュレーションの発想である。

エミュレーションという表現は、じつはスミスに固有のものではなく、デヴィッド・ヒュームも含めて、彼の時代にはよく使われた表現だった。つまり、日本語ではどちらも「競争」と訳される概念に、じつは二つの微妙に異なる側面があることを、当時の人々は承知していたわけである。そのうえで、スミスは『国富論』においてはコンペティションの方を多用し、エミュレーションについては、むしろ警戒の念を払っているのである。たとえば次のように。

われわれは、わが兵士たちがいちばん勤勉な種類の人たちだとは思っていない。だが、兵士たちがある定まった仕事に使用され、出来高で十分に支払われている場合には、しばしばその将校は、兵士たちが従来支払われてきた率にしたがって働き、毎日一定額以上をかせいではならないという契約を、企業家との間でやむなくとりむすばなければならなかった。この契約がむすばれるまでは、たがいの対抗意識（エミュレーション：引用者）やより大きい利得への欲求にかりたてられて、しばしば兵士たちは過労におちいり、過度の労働によって健康を害した。*13

エミュレーションには人の能力を高めると同時に、ややもすると、人を競争の虜にしてしまう側面がある。競争を手段として何かを得るはずだったものが、気がつくと、競争に勝つことが、さらには競争を続けることじたいが目的に変わっている。スミスは、こうして人々が、互いに互いを打ち負かし合う関係のなかに埋没してしまうことを、むしろ警戒していたと思われるのである。それは少なくとも、彼が考える市場経済の姿ではなかったのであり、それゆえに、かれは、エミュレーションではなく、コンペティションに基礎を置くものとして、自らの市場経済論を構想しようとしたのである。『国富論』の世界とは、そういうものであったと筆者は思う。

スミスは、このような理由から、エミュレーションの現実的で、実利的な効用を十分にわきまえたうえでなお、エミュレーションに対する警戒を怠らなかった。そして、あくまでもコンペティションに基軸を置いて、自らの市場経済論を展開した。それに対して、現代の経済学は、むしろエミュレーションを基礎とするものに経済学を作り直そうとしている。それは一見、経済学がようやく現実的になってきたことの証とも受け取られ、そのなかで、独占企業、巨大企業への評価も否定的なものから肯定的なものへ、あるいは積極的に肯定はしないまでも、無条件な否定に対しては留保を求める姿勢へと、着実に変化していった。

「収穫逓減」から「収穫逓増」の時代へ

さてしかし、もう一つ大事なことがある。このような整理の仕方をしてくると、コンペティションであれば、独占企業や巨大企業は抑えられ、エミュレーションであれば、独占企業や巨大企業が生み出されると言っているように思われるかもしれない。しかし、それはかならずしも正しい理解ではない。コンペティションとエミュレーションは、確かに競争の異なる側面を捉えたものだけれども、競争がコンペティションとして機能するためには、ある客観的な条件が必要なのである。

それは、図2－1から図2－3がそうであるように、供給曲線が右上がりになるということである。特に、コンペティションとしての性格がもっとも如実に現れる図2－3では、供給曲線が右上がりになっているからこそ、自己の領分を広げようとして増産に踏み切った企業が製造原価の上昇に直面し、その結果、その増産部分についての競争力を喪失して、元の生産水準すなわち自然状態に引き戻されたのである。これがもし、供給曲線が右下がりになっていたら、増産は製造原価を引き下げることになるから、増産は競争力を強化することになって、他社の領分を奪い取ることに成功するだろう。これは競争が効率性を高めて他者を打ち倒していく世界、すなわち、エミュレーションの世界に他ならない。したがって、供給曲線が右上がりになっているか、右下がりになっているかは、競争と市場経済の意味を決める決定的な要因と言えるのである。

供給曲線が右上がりになっていること、すなわち、増産が効率性の悪化をもたらすことを、経済学では収穫逓減と言う。逆に、供給曲線が右下がりになっていること、すなわち、増産が効率性の増進をもたらすことを収穫逓増と言う。スミスのコンペティションの世界が実際に得られるためには、客観的な条件として、収穫逓減が成立していることが必要なのである。逆に収穫逓増が現実化しているときに競争を行えば、それは早晩、エミュレーションの様相を帯びるものになり、すべての企業をそこに巻き込んでいくだろう。だから、収穫逓減と収穫逓増を分ける鍵は、コンペティションとエミュレーションを分ける鍵とも言えるほど、市場経済にとって決定的な重要性を持つのである。

あるいは、次のようにも言えるだろう。収穫逓減が支配的であるあいだは、市場経済にコンペティションとしての機能を期待することが、現実的にもできただろう。だがもし、収穫逓減が収穫逓増に取って代わられたら、そしてそこにもし、何らかの必然性があるとしたら、市場経済は遅かれ早かれ、エミュレーションの支配する世界に変わるだろう。収穫逓増が台頭を始めるのは一九世紀に入ってすぐの頃だが、それは資本主義経済が完成したと言われる時期と、ほぼ重なることに注意する必要がある。

収穫逓増には、市場経済の風景を一変させる力がある。というより、収穫逓増は、市場経済の性格そのものを変えてしまうのである。収穫逓増の一般化は、市場経済にとって革命的とも言える現象である。そしてそれはある意味で、『国富論』の挫折を意味するものでもあった。

＊1　資本蓄積論という言葉は、今日ではあまり馴染みのない言葉になったかもしれない。おおざっぱに言えば、経済成長論とほぼ同じと考えてよいが、経済成長とは基本的に、産業構造や所得分配といった、経済の構造部分は変化しないものとして、その下で、経済が量的にどれだけ大きくなったかを示す概念であるのに対し、スミスを端緒とする古典派経済学では、経済構造の変化や変容を当然にも伴う現象として、資本蓄積を理解している。端的に言えば、古典派経済学における資本蓄積とは、経済発展を伴う経済成長を表わす概念と考えればよい。こうした思考系譜は、現代経済学がむしろ継承しなかったものなのだが、一部にはもちろん（画期的な）例外もある。ルイジ・L・パシネッティ『構造変化と経済成長』、パオロ・レオン『資本主義の構造変化と成長』などを参照せよ。

＊2　これを「貧困労働者」と訳したのではおそらく誤訳になる。これはギルドの最下層にあって、必ずしもその統制を十分に受けなかった、ある意味で不安定な処遇にある人々をさしていた。彼らがいずれ、ギルドの制約を踏み越えて、初期の工場労働者になっていったと言われる。『国富論I』、一二五ページの訳注一などを参照。

＊3　本章のここから先の議論は、井上義朗『二つの「競争」——競争観をめぐる現代経済思想』と部分的に重なる。同書では、スミス的な競争観と現代的な競争観との微妙な混同が、現代経済学において繰り返されていることを論じている。

＊4　この「統治」はもちろん、ミシェル・フーコーの「統治性」を踏まえている。フーコーは、近代においては、王のようなあからさまな権力者がいなくなる反面、権力の意向が個人個人に内面化されていく過程を「規律権力」としてまず明らかにし、後年では、個人の規律化よりも社会全体の誘導に重心を置いた「統治性」という概念を提起した。もちろん統治性は規律権力と矛盾するものではない。規律権力論にはまだ、権力者と個人という「上下」関係のイメージがあり、規律化によって個人の主体性が抑制される含みがあったが、統治性においては、「上」からではなくむしろ「横」からの、あるいは「横」どうしの関係から、個人が主体性を自覚している行為のなかに、権力の意向が溶け込んでいく様を論じている。市場経済あるいは競争の問題を考えるときには、こうしたフーコー的な側面からの考察が、本当は欠かせないのだが、それについては別稿を期したい。実際、フーコーはこのテーマを一九七八年の講義で（したがって、サッチャーやレーガンによる新自由主義政策が開始されるよりも前に）取り上げている。ただし、フーコーは新自由主義の素材として、ドイツのオルド派とアメリカのシカゴ学派をあげているが、オルド派は、後には政府による政策介入を許容するようになる素地を持ったものであって、ど

ちらかと言えば、一九世紀末イギリスに現れたNew Liberalismに近い性格を持つものである。そのため、市場を通じた統治性の素材としてはどこか徹底せず、それとの比較においてシカゴ学派の市場主義が際立たされているかと言えば、どこか比較の軸が安定していない印象もある。これはしたがって、フーコーが残してくれた大きなヒントとして、わたしたちが引き受けるべき未解決の課題と考えるべきだろう。これについては、ミシェル・フーコー講義集成七『安全・領土・人口』、同八『生政治の誕生』、Thomas Lemke, "The birth of bio-politics": Michel Foucault's lecture at the Collége de France on neo-liberal governmentalityなどを参照。

*5 アダム・スミス、『国富論I』、九四ページ

*6 『国富論I』、九四ページ

*7 『国富論I』、九四ページ

*8 『国富論I』、九五ページ

*9 『国富論I』、九九ページ

*10 敢えて参入を強行して市場価格を今以上に低下させたら、再生産に必要な費用すら回収できなくなる。これは、事業維持に必要なモトすら取れなくなることを意味するから、やはり参入は見送られるか、あるいは市場からの撤退を引き起こすだろう。市場価格が自然価格を下回るケースも同様の展開になる。

*11 『国富論I』、一〇四ページ。やや専門的な話にはなるが、この有効需要（effectual demand）という言葉について、スミスは次のような定義を与えている。すなわち、「すべての商品の市場価格は、それが現実に市場にもたらされる数量と、その商品の自然価格、すなわちそれをそこへもたらすのに支払わなければならない地代と労働と利潤との全価値を支払う意思のある人たちの需要との割合によって規制される。このような人々は有効需要者とよんでよいし、かれらの需要は有効需要とよんでよい」（『国富論I』、九六ページ、傍点引用者）。この定義は事実上、ケインズによる有効需要（effective demand）と同じものと考えてよい。もちろん、ケインズの有効需要は経済全体におけるものであるのに対し、スミスの有効需要は商品単位で議論されているという違いはある。しかし、スミスに有効需要という発想があったことについて、なぜかこれまであまり言及されてこなかったという印象がある。そして、有効需要という発想があるからには、スミスの経済では、需要が価値を決定するという論理になるはずで、現に、次のような文言もある。「賃銀は必要生活費の大きさによって規制されないで、仕事の分量とその推定価格によって定まることは明らかだと思われる」（『国富論I』、一二五ページ）。これは、スミスの価値論が投下労働価値説よりも、支配労働価値説に近かったことを示す証左の一つではないかと思われるのだが、なぜかこれについてもあまり言及されてこなかった印象がある。

＊12　たとえば、必需品の市場において、生産費用が高騰したために価格が上昇するのは、市場としての正常な機能である。しかしその結果、所得が低い人々は、その必需品を買えなくなる、すなわち、その市場から排除されることになるかもしれない。これは、市場が、成功している場合でさえ、そこに一種の社会的排除機能がはたらく可能性を示唆するものである。

＊13　『国富論I』、一三九ページ。ちなみに、岩波文庫版『国富論』（水田洋・監訳、杉山忠平・訳、第一分冊、一四八ページ）では、「エミュレーション」を「競争」と訳している。

第3章

株式会社の起源：株式会社は『国富論』を終わらせたか？

前章で検証した、スミスの意図とは対立する
効率性最優先の競争観は、「規模の経済」という姿で現実化してきた。
それは、確かに19世紀後半から20世紀全体を通じて、
機械生産に依拠した製造工業が主流を占めた時代に急速に発展した
資本主義経済の基盤をなしてきたものではあった。その規模の経済性を
裏から支えた企業組織、特に株式会社という存在について本章では考えていく。
今現在において、規模の経済性が株式会社に支えられていることは、
紛れもない事実である。しかし株式会社という存在そのものが、
そもそも規模の経済性のために生み出されたものであったのだろうか。
その起源、理念をていねいにたどることによって、「企業」という存在の
本来的で新しい可能性を見いだすことができるのではないだろうか。

1　競争から企業へ

なぜ、エミュレーションに親近感を覚えるのか？

前章では、スミス的な市場経済と現代的な資本主義経済を区別して理解するために、「競争」という概念に改めて注目することが、有用であることを論じた。そして、スミス的な市場経済では、独占につながるような他者を圧倒するほどの存在が、市場のなかから出てこないようにすることが競争の役割であったのに対し、現代の資本主義経済では、他者を圧倒してでも、より効率性に優れた存在を生み出していくことが、競争の役割として期待されていることを明らかにした。

スミスは、この前者のような競争を、コンペティションという単語で表現し、後者のような競争については、エミュレーションという別の単語を使って、両者の違いを区別していた。しかしながら、このようなスミスの配慮は今日に継承されることなく、日常表現としても、さらには経済学の用語としても、両方の意味合いをコンペティションの一語で表現しているのが現状である。この、一種の認識上の混乱が、市場経済と資本主義経済を、やや安易に同一視する傾向を助長してはいないか。前章では、おおむねこのような問題提起を行った。

改めて言うまでもなく、スミスは利己心の解放を唱えた思想家である。そして、それと同じ程度に、スミスは独占の弊害を訴えた思想家でもある。したがって、この二つの事柄、すなわち、利己心の解放と独占の抑制は、スミスにおいて整合的な関係になければならない。もし利己心の解放としての競争が、その勝者に、独占者の地位を必然的に与えるものであるとしたら、そして、そういうものとして、スミスが競争を理解していたとしたら、スミスの思想は、耐えがたいほどの矛盾に満ちたものということになるだろう。

だから、スミスが独占に帰着するような競争観を認めるはずはないのである。言い方を換えれば、ある一人の利己心が、もう一人の利己心を侵すような事態を、スミスが認めるはずがないのである。競争とは本来、このような思想に裏づけられたものだった。

ただし、このように論じてくると、コンペティションとエミュレーションとは、それこそ水と油のように相容れない、本質的に異なる競争観であるかのように聞こえるかもしれない。つまり、競争には、まったくタイプの異なる二つの「型」があるのであって、その二つが同時に現れるようなことは、およそあり得ないと言っているように聞こえるかもしれない。しかし、それは違うのである。

筆者の理解では、競争それじたいに二つの「型」があるわけではない。そうではなくて、一つの競争過程のなかに二つの「局面」が、すなわち、エミュレーションの局面とコンペティションの局面が、それぞれ含まれているのである。つまり、競争と言ったら、競争一つしかないのであって、その一つの競争過程のなかに、エミュレーションが強く現れる局面と、コンペティションが強く現れる局面とがあるのである。しかし、それぞれの局面は、それぞれ異なる場面において現れるために、あたかも「型」の異なる二つの競争が、別個に存在しているかのように見えるのである。

たとえば、前章の図2－1から図2－3は、コンペティションとしての競争を図示したものだが、これも前章で触れたように、この図においては、どの企業も、供給曲線として示される費用水準が、おおむね同等のものであることが前提されている。費用水準とは、基本的に技術水準によって決まるものだから、この図は、どの企業もおおむね同等の技術水準を持っていることを、暗黙の裡に、前提していることになる。ゆえに、増産を目論む企業の生産費が上昇したときに、それをそのまま、その企業の競争力の喪失として表現することができたのである。

しかし、理論上の話としては、それでよいとしても、現実の経済においては、企業がみなはじめから同じ費用水準、同じ技術水準を持っているとは限らないだろう。では、こうした前提はまったく事実無根のものかと言えば、そうでもない。そして、そこにもじつは競争が関係しているのである。ただし、この場合の競争とは、コンペティションではなく、エミュレーションである。

図3－1を見てほしい。この図は、企業ごとの費用水準・技術水準に、まだそれ相応の開きが残されている状態を表わしている。どの市場も、最初のうちは、このような状況にあるに違いない。しかし、ここから競争が始まるとして、①や②として示されたような、高い費用水準を持つ企業は、このままでは③の企業に対抗できない。だから、①や②の企業は必死になって、③の企業に追いつこうとするだろう。そのためには、③が持っている技術や経営の仕方を吸収し、少なくとも同等の水準にまで追いつけるように、必死で努力するだろう。つまり、①や②の企業は、まずは模倣によって③に追いつき、これを追い越そうとするだろう。これは文字通り、エミュレーションとしての競争である。

これに成功すれば、①や②の企業も、③の企業と同等の費用・技術水準を持てるようになって、

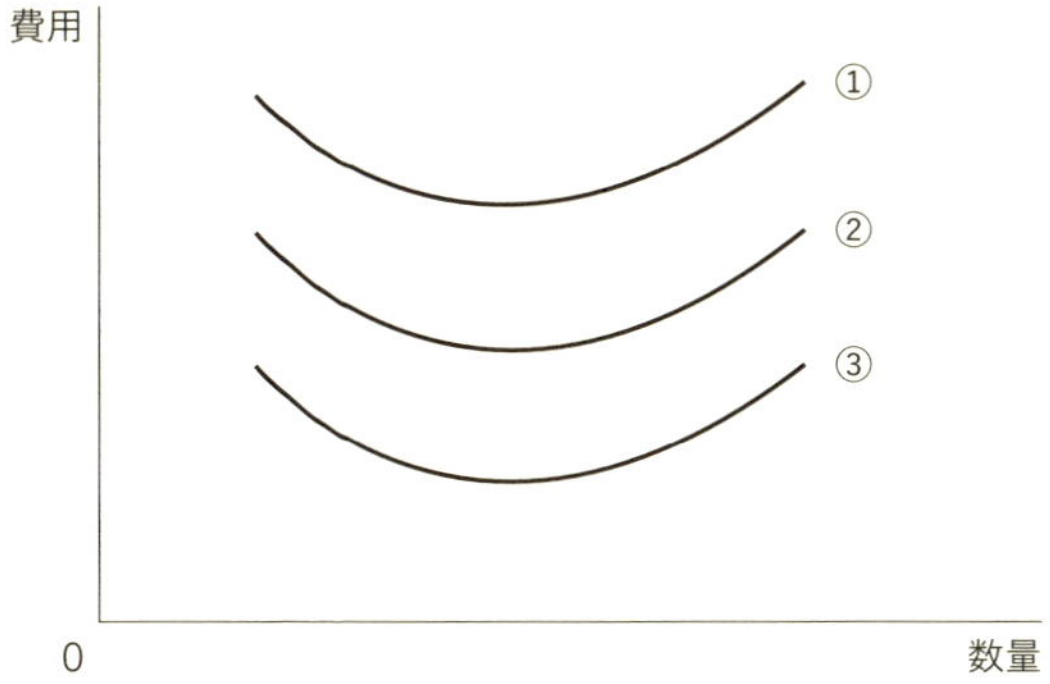

図3-1 技術・費用水準の異なる企業

それでようやく図2－3のような市場が用意される。コンペティションが、それ本来の機能を発揮できるようになるのはここからである。したがって、コンペティションはエミュレーションに先行される必要がある。あるいは、コンペティションの局面は、エミュレーションの局面を、その先行段階に持つ必要があるのである。敢えて視覚的な表現をすれば、エミュレーションとは、異なる費用曲線どうしの位置をめぐる競争であり、それがおおむね行き着き、各企業が同じ高さの費用曲線を持つようになったら、次に、その同じ高さの費用曲線のうえで、コンペティションとしての競争が開始されるのである。

　エミュレーションは、どのくらいの期間で、すべての企業の競争条件を等しくするだろうか。それは、それぞれの市場ごとに違うものになるだろう。技術や経営の方法、あるいはそれと密接に関係する組織の構造などが、比較的容易に模倣・吸収しやすい場合には、比較的短時間で、エミュレーションは終了するだろう。それは、技術が比較的単純で、その導入にもそれほどの資金を必要としない場合であって、スミスの時代は、こうした条件をおおむね満たすものだったと言っていいだろう。

　しかし、技術水準が高度化し、その導入に多くの資金や手続きが必要になってくると、エミュレーションは長期化することになり、企業の費用水準は、そう簡単には同等化しなくなるだろう。そうなると、③のような企業が、先に市場を独占してしまうことになるかもしれない。だから、コンペティションの前提にエミュレーションが必要だと言っても、それは何か、形式的な手続きのような話ではないのである。エミュレーションが長期化したり、①や②のような企業が③のような企業に追いつくことが事実上困難な場合には、市場はエミュレーションのなかに留め置かれ、追いつき追い越せの日々が続くばかりになって、コンペティションを発揮できる局面には、到達できなくなるかもしれない。こうなると、市場経済の様相は一変する。

では、エミュレーションを長引かせる要因には、具体的にはどのようなものがあるだろうか。さまざまなものが考えられるが、やはり、最新技術の導入に膨大な資金が必要であることが、なかでも一番大きな要因になるだろう。それは、今日ではパテント料（特許料）というかたちを取るかもしれないが、一九世紀から二〇世紀にかけての時代では、おおむね大型の製造機械、大型の固定資本設備の導入費用として現れただろう。それは、スミスのすぐ後の時代の繊維産業においてすでにそうであり、一九世紀後半ともなれば、製鉄、化学、造船といった重化学工業が世界的に台頭して、技術水準と設備規模とは、ほぼ比例的な関係になっていった。

大型設備の導入には、それだけでも膨大な資本が必要になる。それに加えて、大型設備を稼働させられる土地、工場、そして大量の労働者といった諸条件もすべて揃えられなければ、①や②のような企業が、③のような企業に追いつくことは事実上不可能になった。当然にも、それだけの条件を揃えられる企業は、ごく限られた存在になっていく。

かくして、エミュレーションの長期化が始まった。そして、③のような一握りの企業による、市場の寡占化・独占化が進行することになる。こうて、わたしたちにとって馴染み深い資本主義経済の風景が出来上がるわけだが、ここで大事なことは、技術水準という客観的な要因が、競争観という主観的な要因を、根底で規定しているという事実である。

エミュレーションとコンペティションを分けるのは、観念や思想の問題ではないのである。そうではなくて、その時代の生産技術のあり方が、その時代の代表的な競争局面を定め、それに応じて代表的な競争観が定まってくるのである。わたしたちがエミュレーションに親近感を覚えるのは、それが競争の本質を正しく言い当てているからではなくて、大型固定資本が経済の基礎を固めている時代には、スミス的な意味でのコンペティションよりも、エミュレーションの局面が長く前景化しやすくなるという、ある意味で単純な、客観的事情によるのである。

さらに、大型固定資本の台頭は、次のような変化をもたらす。固定資本とは、製造原価のように、財を生産するごとに発生する費用ではなく、単純に言えば、その設備を買うときに、一回で支払ってしまうものである（もちろん、分割払いのような工夫はいつの時代にも存在する）。企業は、その固定的な金額の費用を、生産期間を通じて取り戻していく必要がある。つまりは、固定費用を分割して製品価格のなかに含め、少しずつ回収していくわけである。

したがって、製品一個当たりの固定費は、生産量が多くなればなるほど、小さくすることができる。一億円の固定費を一万個の製品で回収しようとしたら、一個当たり一万円の固定費を含めなければならないが、一〇〇万個の製品で回収するのであれば、一個当たり一〇〇円を回収すればよい

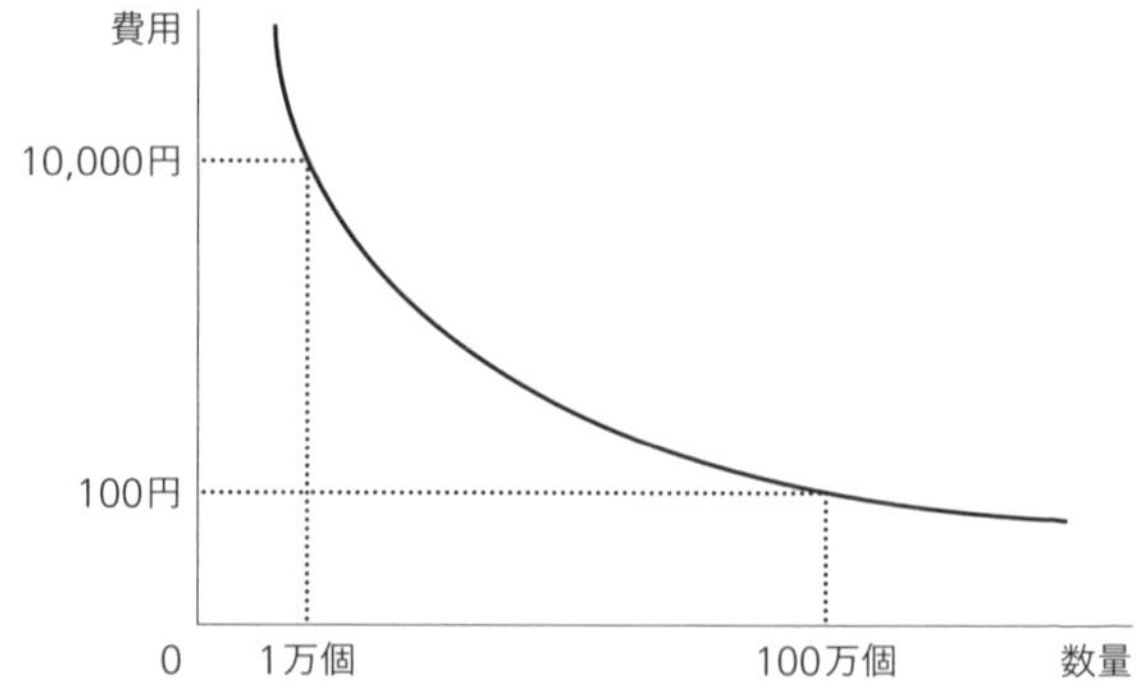

図3-2 規模の経済性

ことになる。これを図に示せば図3－2のようになる。

　この曲線は図3－1のような製造原価を表わすものではなく、固定費を製品に割り振った平均的な費用を表わすものだが、生産量が少ないときは、製品一個当たりの回収額もそれだけ大きくなり、生産量の増加とともに、それは顕著に低下していくことがわかると思う。これが、前章の終わりに言及した収穫逓増という現象である。これは、規模の経済性とも表現される。

　図3－2は、回収しなくてはならない費用を表わすもので、これがちょくせつ製品の価格になるわけではないが、回収費用が小さくなればなるほど、価格を引き下げやすくなるのは理の当然であって、したがって、規模の経済性がある下では、企業は増産すればするほど、費用水準を低くすることができ、それだけ価格も安くすることが可能になる。つまり、増産すればするほど、企業の競争力は向上していくのであって、まさしく、スミス的なコンペティションの世界とは、真逆の世界が現れることになる。規模の経済性は、『国富論』の時代に終焉をもたらすのである。

　企業は、規模の経済性をわがものにするために、大型固定資本の導入競争を繰り広げるようになる。まさしく、エミュレーションの支配する時代が現れるわけである。

このように、コンペティションとエミュレーションを分ける鍵は、経済のなかにあるというよりも、経済の外からこれを基礎づけてくる、その時代の技術にあることがわかる。そして、重化学工業を背景とする大型固定資本が支配的な時代においては、規模の経済性が効率性の基本になることは避けられないから、これを促進するエミュレーションが、身近で現実感を与える競争観になることも、その意味では、避けられないことだと言ってよい。

その結果、社会的分業に加わることのできる企業は、それだけの規模に耐えられるごく一部の企業に、ますます限定されるようになる。そして、それだけの規模も資本も持たない普通の人々は、そうした大企業で働く従業員というかたち以外、ますます社会的分業への参加が難しくなっていく。しかし、果たしてこれは、市場経済の本来の姿と言えるものなのだろうか。これはスミスが考えていたような、人がみな、それぞれのささやかな得意に応じて社会に参加していくという、近代的な市場経済の本来の理念にかなう姿と言えるものなのだろうか。

規模の経済がもたらしたもの

エミュレーションとしての競争観に現実感を与えてきたもの、それは一言、規模の経済性であると言ってよい。そして、規模の経済性こそが、一九世紀後半から二〇世紀全体を通じて、資本主義経済の技術的基盤をなしていた。機械生産に依拠した製造工業が主流を占めた時代にあって、規模の経済性が現れることは、ほぼ算術上の必然である。

規模の経済性の下で競争が行われれば、これもほぼ必然的に、市場は寡占化・独占化の傾向を帯びることになる。独占を抑制するためのものであったはずの競争が、気がつけば、独占を促進する原動力になっている。しかし、この皮肉とも言える逆転劇に目を奪われているだけでは何も得られない。ここでまず大事なことは、現代のエミュレーションを、競争の「本質」のように、誤解して受け止めないようにすることである。

規模の経済性が効率性の源にあるとき、そしてそれが利潤の主要な源泉であるとき、企業の巨大化、あるいは市場の寡占化・独占化は避けられない。[*1] ただし、規模の経済性さえあれば、企業はかならず巨大化するかと言えば、そうとは限らない。規模の経済性とは、ちょくせつには技術上の可能性であって、それだけの大量生産を実際に担う従業員を雇用し、配置し、管理する能力がついてこなければ、いくら規模の経済性だけあっても、それは絵に描いた餅で終わってしまう。すなわち、そこには、規模の経済性を支えるだけの「組織」が必要になるのである。

ここからわたしたちは、議論の方向を「組織」に転じよう。ここで言う組織とは、もちろん、企業組織のことである。スミスの時代から今日にかけて、大きな変化を経験したのは生産技術だけではない。企業組織のあり方もまた、スミスの時代とは桁外れなほどに、大きな変化を経験した。そして、その組織の変化と技術の変化が適切に組み合わされたとき、そのときはじめて、経済は新たな歴史の一幕を開けるのである。

規模の経済性が台頭してきた背景には、それを裏から支えた企業組織の存在があった。それは、大量の資金を集めることができ、大量の人員を抱えられるものでなければならない。さらにそれは、それだけの規模を統括する意思決定の仕組みを持つものでなければならない。改めて言うまでもないが、「株式会社」という組織形態は、これらの要請に見事に応えるものだった。それは、スミスの時代の個人企業や合名会社（partnership）では、とうてい叶えられない要請に応えるものだった。

　だから、規模の経済性を読み解くということはすなわち、株式会社の経済を読み解くということに等しく、株式会社に固有の性質を基礎理論の域にまで高めない限り、現代において真に現実的で実証的な経済学を作ることはできないだろう。

　ところが、ここから話がいささかややこしくなるのだが、このように歴史を整理していくと、あたかも、規模の経済性を実現するために、あるいは、規模の経済性を支えるために、株式会社という企業形態が考え出されたかのような、そしてそのような歴史的事実があったかのような印象を与えてしまうだろう。確かに、今現在において、規模の経済性が株式会社に支えられていることは、紛れもない事実である。しかし、ではというので、株式会社という存在そのものが、そもそも規模の経済性のために生み出されたものであったかと言えば、それは少々違うのである。

　これは、たとえば株式会社の元祖とされるイギリス東インド会社が、一七世紀から存在したことなどを取り上げて言っているのではない。東インド会社は、株式会社と言っても、国王の勅許によって設立された独占的特許会社であって、その意味では、前近代的な企業を象徴するような存在である。そうではなくて、ここで言っているのは、国王の勅許などには依らない、自由設立の可能な、今日的な株式会社のことを言っているのである。

　今日的な、有限責任の株式会社が自由に設立できるようになるのは、イギリスでは一八五五年の有限責任法いらいである。したがって、時代はすでに規模の経済性を知っている。その時代にあって、今日的な株式会社が解禁されたのであれば、それは当然、規模の経済性を支えることを目的として行われたことと想像するだろう。すなわち、規模の経済性を現実のものとするために、株式会社が出現したものと誰であっても想像するだろうし、現にそのような歴史解釈がこれまで何度も示されてきた。

しかし、これは歴史認識として正しくないのである。そして、この部分を理解することが、株式会社の本来の可能性、ひいては、これからの時代の、わたしたちにとっての新しい企業のあり方を考えるうえにおいても、非常に重要な視座になると筆者は思う。

株式会社とは、何をするために生み出されたものだったのか。この段階で敢えて断言するとすれば、株式会社とは、資本主義経済がますます台頭していくさなかにあって、近代的な市場経済の本質を守るために生み出されたものだったのである。言い換えれば、株式会社とは、スミス的な、あるいは近代的な市場経済の本質である、誰もが社会的分業に参加する機会を持つべきだという思想を、資本主義経済がはっきりとその台頭を見せつけるようになった時代のただなかにあって、あるギリギリの一線において、守ろうとしたものだったのである。

もちろん、その最初の構想が、今日にそのまま引き継がれたわけではない。それどころか、皮肉にも、現代の株式会社は、現代の資本主義を象徴するような存在になっている。だとしたら、そこには、株式会社にとっても、想定外の紆余曲折があった可能性がある。そして、今現在の株式会社は、株式会社の本来の可能性を、素直に開花させたものではないものかもしれないのである。では、株式会社の本来の可能性とは何なのだろうか。株式会社の本来の可能性を開花させた経済とは、どのような経済なのだろうか。

2 株式会社の可能性

スミスの株式会社論

ときに、スミス自身は、株式会社を評価していない。この場合の「株式会社」とは、joint stock companyであるから、本当は株式会社と呼ぶべきではないのだが、スミスの批判にはしかし、今日的な株式会社にも当てはまる論点が含まれている。[*2] なぜスミスは、ジョイント・ストック・カンパニーを評価しないのか。まずは、スミスの言うことを聞いてみよう。

合本会社（joint stock company）は、国王の特許状によるか、または議会の条例によるかして設立されるが、いずれにしても、いくつかの点で制規会社と違うばかりでなく、合名会社とも違っている。[*3]

スミスはここで合本会社、すなわちジョイント・ストック・カンパニーを、制規会社とも合名会社[*4]とも異なる、新しい企業形態であることを認めている。ただし、それはまだ勅許または議会からの設立承認を必要とするもので、法に基づく自由設立が認められたものではなかった。

では、その新しい企業形態について、スミスが手放しの期待をしていたかというと、これが案外そうでもないのである。少し長くなるが、これに関するスミスの見解を、そのまま引用してみよう。まず、ジョイント・ストック・カンパニーの特徴を、スミスは次の二点に整理している。


第一に、合名会社だと、どの社員も会社の承認なしには、自分の持分を他人に譲渡すること、つまり会社に新しい社員を加入させることができない。その代り、各社員は適当な予告をしたうえなら、退社して、共同資本のうちの自分の持分を払い戻すよう会社に請求できる。これにたいして、合本会社だと、どの社員も、自分の持分の払い戻しを会社に請求できない。その代り各社員は、会社の承認なしで、自分の持分を他人に譲渡し、それによって新しい社員を加入させることができる。合本資本の持分の価値は、つねに、それが市場で売れるであろう価格である。だからこの価格は、持分の所有者が、会社の共同資本にたいしてもっている債権としての払込金額よりも、なにほどか多かったり、少なかったりする。

第二には、合名会社だと、各社員は、会社が契約した債務にたいして、自分の財産の全額までの義務を負う。これにたいして合本会社だと、各社員は、自分の持分を限度とする義務を負うだけである。[*5]

すなわち、出資者の変更ができない合名会社とは違い、ジョイント・ストック・カンパニーは、出資持分（株式）の譲渡が自由だから、出資者はいつでも出資金の回収をはかることができる。ただし、スミスはここですでに、株式市場の存在を想定しており、株式の譲渡はその時々の株価に左右されることとも論じている。さらにスミスは、ジョイント・ストック・カンパニーは有限責任であることを、第二の大きな特徴としてあげている。

一度出資したが最後、その財産は会社と運命をともにするしかない合名会社とは異なり、ジョイント・ストック・カンパニーは、出資者が株価変動のリスクさえ承知していれば、自らの意思によって、いつでも出資金を回収することができる。さらに、よしんば会社の経営が行き詰ったとしても、ジョイント・ストック・カンパニーの場合には、出資金が戻ってこなくなるだけで、それ以上の負債を引き受けさせられる心配はない。

今日の株式会社にもほぼそのまま当てはまるこれらの特徴を考えれば、事業を通じた社会参加の方法としては、個人企業や合名会社よりも、ジョイント・ストック・カンパニーの方がよほど合理的であり、参加の機会を増やすもののように見える。

しかし、スミスは意外にも、ジョイント・ストック・カンパニーに対して批判的なのである。なぜかと言うと、

合本会社の事業は、つねに取締役会によって運営される。確かに取締役会は、多くの点で株主総会の統制を受けることがあるけれども、株主の大部分は、会社の業務について、あえてなにごとかを知ろうなどと張り切ることはめったにない。たまたま株主の間に派閥的な風潮

でもひろがっていないかぎり、会社の業務に頭を突込んで心を労したりはせず、取締役がこのくらい渡すのが適当だと考える半期分もしくは一年分の配当をもらうことに甘んじている。[*6]

だから、こういう会社の業務運営には、多かれ少なかれ怠慢と浪費がつねにはびこること必定である。外国貿易を営む合本会社が、個人の投機家との競争にほとんど耐えてゆけなかったのは、まさにこのためである。[*7]

すなわち、ジョイント・ストック・カンパニーにおいては、出資者は不特定多数の人々に分散するのであって、日々の経営にちょくせつ従事する者にはならない。毎日の経営は、株主から委託された取締役が行うのであって、したがって、そこでは必然的に「所有と経営の分離」が起こる。[*8]いったんそうなると、所有者すなわち出資者は、自らが出資している会社であっても、その経営内容への関心をほぼ喪失し、配当の大小、株価の上下ばかりに目が向くようになる。つまりは、投資・投機の対象としてしか会社を見なくなるのであり、自身が資金を出して支えているにもかかわらず、その会社が社会で何をしているかということについて、およそ責任感と言えるほどの意識をほぼまったく失ってしまう。スミスが問題にするのはこの点である。彼は、続けて次のように言っている。

これら商事会社の株主の大多数は、抗しがたい社会的な原因（moral cause）から、自分の臣民の幸福と悲惨、自分の領土の改良と荒廃、自分の行政の栄光と汚辱について完全に無関心であり、また、必然的に無関心たらざるをえないのであって、ここまで無関心な主権者は、いまだかつて他にいなかった、というよりは、事の性質からして、無関心でいられるはずがなかったのである。[*9]

では、もういっぽうの取締役すなわち経営者についてはどうか。スミスは、これについてはそれほど多くを語っていないけれども、その運用する資産が自分のものでないとすれば、それが自分の資産であった場合と比べて、どうなるかについては想像に難くない。

たとえば、先の引用文にもあるように、自身の資産が増えるも減るも、自身の才覚一つにかかっているとすれば、人はそれだけ必死にもなるだろう。しかし、そうでないとすれば、「こういう会社の業務運営には、多かれ少なかれ怠慢と浪費がつねにはびこること」はおおいにありうることである。つまり、今で言うモラル・ハザードの問題を、スミスはすでに明確に認識していたわけである。

あるいは逆に、その経営の帰結が、自身の資産とともに、その名声にも帰着することがわかっていれば、社会的な信用を失墜しかねないような、つまりは、社会的な共感を得られそうもないような、反社会的なあくどい商売にもおのずと抑制がかかるかもしれない。ところが、人の財産を預かり、それを増やすことこそが自らの使命であるとして、自身の社会的責任を狭窄に捉えてしまうと、たとえば消費者の健康に懸念がある食品であることを知りながら、敢えてその販売に踏み切るような、歪められた勇気を発揮してしまうかもしれない。雇われ経営者としての立場を深く自覚すればするほど、こうした倒錯した使命観に陥る者が増えてくる可能性は高くなるだろう。

こうした現象は、自分の意思決定はすべて自分の身に帰着するという自覚の下で、自身の言動を自ら律していくという近代的「市民」のあり方に反するものである。ゆえに、スミスは、その大きな土壌にもなりかねない「所有と経営の分離」を、さらにはこれを必然的結果として含み持つところの、ジョイント・ストック・カンパニーという存在に対して、批判的にならざるを得なかったのである。*10

スミスにおける経済認識は、常に道徳的な尺度を含ませたところで示される。まずは、経済的な富を増やしていって、いきすぎが生じそうになったら、道徳的な抑制を後からかければよいという二段階的な発想はスミスのものではない。なぜと言って、それは必ず、その道徳的な抑制をかける主体に、かけられる主体よりも、大きな「力」を与えるものになるからである。かりにそれが善意の力であったとしても、人が人の恣意に従う社会をよみがえらせることは、スミスの考える近代的市場社会のあり方に反するのである。

近代的市場社会あるいは近代的市場経済では、貧困から解放される過程、富を増やしていく過程のなかに、同時に、道徳性を向上させる機能が内蔵されていなければならない。スミスの競争観、すなわち、コンペティションの思想は、その端的な現れの一つなのである。物資の再生産は、その再生産過程に携わる経験を通じて、かならず人々の意識や価値観をも同時に再生産する。だからこそ、社会の道徳性を維持・再生産していくために、富の生産のあり方を問わなくてはならないのである。富の再生産過程それじたいは不道徳的なものであっても、これを後で補正する再分配政策さえ道徳的な精神にあふれていれば、それで社会の道徳は保たれるとする発想ほど資本主義に都合のよいものはないのであって、それは少なくともスミス的な市場経済の発想ではない。このような、富の再生産と意識の再生産を表裏一体の過程として認識すること。これがスミスの、あるいは古典経済学の、本来の思想であったはずなのである。

株式会社の起源

ジョイント・ストック・カンパニーに対する警戒は、一人アダム・スミスに特徴的なことではなかった。イギリスにおいては、バブルの語源ともなった、一八世紀初頭の南海泡沫事件[*11]いらい、資本結合による会社の設立に対しては厳しい制約がかけられ、いわゆる「バブル法[*12]」によって、合名会社ですら、六人以上の出資は原則的に禁止されていた[*13]。

すなわち、一般公衆から広く小口の資金を集め、それによって、個人企業や家族企業を超える規模の事業を営もうとすることは、「企業」の本質に反するものとして、これに警戒の念を払う習慣が、イギリスでは定着していたのである。

スミスのジョイント・ストック・カンパニー論も、基本的にはこれを踏襲したものであって、そのような組織に人が置かれたときの利己心の働かせ方に、同感的な想像と分析を加えることによって、そうした企業がややもすれば陥りがちな傾向を、他の論者よりも丁寧にフォローしたのがスミスの企業論なのである。

その結果、イギリスにおける近代的企業とは、やや意外な印象を与えるかもしれないが、それは個人企業あるいは家族・同族企業によって代表されるものになった。この習慣は、特にイギリスにおいて非常に根深いものになるのであって、少なくとも一九世紀後半までは、すなわち、規模の経済性が明確に認識されるようになってもまだ、原則的な企業像としてはなお維持された。今日でも、イギリスでは「～bros & sons」といった、同族企業の名残りとも言える商標がごく普通に見かけられるのも、こうした習慣の名残りと言っていいだろう。

もちろん、スミスの時代においても、一部では大規模な工場が必要になっており、造船や港湾など、それが何らかの公益性を持つと判断される事業については、ジョイント・ストック・カンパニーが認可されることも多かった。あるいは、企業形態としては家族企業のかたちを取りながらも、相応の規模を持つ工場を必要とした業種は、織維産業をはじめ、陶器、ガラス、醸造など日に日に増えており、そこに、ギルド底辺のlabouring poorや、事実上自由労働者となった人々が、工場労働者として雇用されていった。

ただし、その場合でも、工場労働者の多くは、個人よりも家族単位で、つまり親と子どもが一緒に雇用されることが多かった。そして、若年労働者の技能教育や道徳意識の涵養については、工場長がちょくせつ指導するのではなく、親を通じて、子どものしつけの一環として行われることが多かった。あるいは、工場じたいが、家族企業の集合体として営まれることも多く、ある家族企業が一つの工程を担当し、別の家族企業が次の工程を担当するというように、個々の独立的な家族企業の一大コンプレックスとして、一九世紀の多くの工場が営まれていた。*14

ただし同様の事情は、イギリスだけでなく、フランスやドイツにおいても見られた。まずフランス革命における人権宣言は「結社の禁止」をうたい、資本結合による企業規模の拡張を法的に禁止した。これはもちろん、南海泡沫事件にちょくせつ由来することではなく、近代性の理念の文字通りの実践を意味した。すなわちこれは、人はみな平等であって、したがって、他者を圧倒するほどの力を持つ存在、他人をその恣意の下に置きかねないような強者の出現は認められないという、近代性の理念の法的な実践に他ならなかった。言い換えれば、人はみな個人としてのみその存在が認められるとする、近代的な人権意識に内実を与えようとするとき、他人の生業を圧迫しかねない規模を持つ事業体は、スミスのように経済的なメカニズムの制御に委ねる以前に、その出現じたいが法的に認められないことを明言する必要があったのだ。

だがそれでも、ここに唯一の例外があったのであって、それが「家族」であった。フランスは『人権宣言』において、個人以上の中間団体をいっさい認めなかったにもかかわらず、一八〇四年の民法典では「家族」を積極的に肯定している。近代ヨーロッパでは、「個人」と、成人男性を家長とする「家族」とは、基本的に同じものとして認識されたのである。したがって、個人企業とはすなわち家族企業でもあったのだ。[*15]

ドイツでも、同様の展開が見られた。ドイツは、イギリスやフランスよりも、そのたどった歴史が複雑だけれども、近代が自覚されていくなかでなお、家父長制的家族の存在を神聖視する傾向は、イギリスやフランスよりもむしろ強かったと言ってよい。そして、このことと経済との関わりについては、たとえば村上淳一がユルゲン・コッカを引きながら、次のようにまとめている。

ユルゲン・コッカは、……「家族的な構造・過程・資源は工業資本主義の開花を促進し、（資本主義的）工業化の——他のやり方ではほとんど解決できない——諸問題の解決に役立った。…第一に、企業家に企業経営の意欲をもたせる動機としては、経済的窮状を打開して自己の生活水準の向上を図りたいとか、独立の事業を興して手腕を示したいとか、仕事の成果を挙げることによって神意に合した人生を送りたいとかという願望のほかに、家族の幸福を実現したいという願いが大きな役割を演じた。[*16]

初期工業化を担った企業家家族は、次に記す四つの特徴（そのうち三つは伝統的、一つは近代的というべき特徴）をもった、とコッカは指摘する。第一の特徴は、家父長的支配である。…第二の特徴は、結束の強化に役立つ多機能性である。…第三に、家計と経営の分離に由来する新しい特徴、すなわち愛による結合としての性格が挙げられる。…第四に、この家族理性が強調されることになる。[*17]

個人意識を涵養するはずだった近代資本主義において、洋の東西を問わず、多くの企業が、社長と社員の関係を親子関係になぞらえて表現することが多いのは、ロマンティックな「情愛にあふれた会社」というイリュージョンに絡めとるためだけではなく、むしろ、近代資本主義経済そのものが、家族の規律習慣に依存して形成されたという歴史的事情に、由来する部分が大きいのである。

近代資本主義になってもなお家族的な慣習を残した企業が存在した、のではなくて、企業が家族的な規律慣習の下にあったからこそ資本主義経済が成立した、そう考えるべきかもしれないのである。[*18]

そうした慣習の下では、労働者という意識それじたいが、自律的な個人が選択した職業というよりも、親に従う子どもの存在になぞらえてイメージされるようになる。したがって、会社の指揮権限も、法や規則に対する労使の相互了解に依る以上に、親や兄姉の位置にある「上の者」へのロイヤリティ（忠誠心または愛着感）に由来する部分が強くなり、そのようなものとして了解することを、暗黙の裡に求められるようにもなるだろう。

もちろん、会社に逆らえば職を失うという脅威が、従順な労働者を生み出してきたという事実に変わりはないが、それだけで、終身雇用がほぼ保証されてきた日本企業の組織力が説明されるとは思えない。そして、こうした家族関係に準えた社内環境では往々にして、社内の出来事は私事にたとえられ、公的な法に照らして判断することをむしろ憚る雰囲気すら強くなる。その結果、労働法規に抵触しているはずの労働環境を、使用者のみならず、労働者自身も維持しようとする傾向すら出てくる。若者を死に至らしめるほどのサービス残業を許してきた慣習は、コンプライアンスの軽視という以前に、法に晒さないことをもってよしとするような、「企業」の歴史的起源にも多く由来するものであることを考えるべきだろう。[*19] こうした状況は、歴史的な慣習の変化を待っているだけでは、ほとんど変えられないだろう。

話を戻そう。こうした「企業」と「家族」を同列に置く問題性を伏在させながらも、スミスの時代におけるジョイント・ストック・カンパニーは、「個」の力を超える存在になりかねないものとして、法的にも、慣習的にも、否定される存在であった。そしてそれによって、小さな市民が経済に参加する機会を保とうとしてきたのである。

ところが、スミスの次の世代、一九世紀も半ばになってくると、ジョイント・ストック・カンパニーに対して、これまでとは異なる、別様の機能が期待されるようになる。

そのきっかけとなったのが、一八二五年のバブル法の廃止である。先述したように、バブル法の下では、合名会社ですらその規模が厳密に抑制されていた。ただこの当時、合名会社には法人としての権利規定が明確には定められていなかったから、何らかの法的な問題が生じたとき、請願の主体にもなれなければ、訴追の対象にすることもできなかった。また、出資＝経営者（パートナー）間の権利義務規定についても曖昧で、結局は当人どうしの解決に委ねるしかなく、家族・同族企業にありがちな確執にいったん陥ると、これを法的に公正なかたちで処理することはきわめて難しかった。要は、ルールよりもマナーに期待された企業形態であって、それだけでは、資本主義の発展に伴う内外取引関係の増大に、とてもではないが、対応し切れなくなっていた。

バブル法の廃止は、こうした状況に突き動かされたものと言ってよく、以後、ジョイント・ストック・カンパニーの導入に向けて、議会を中心に、活発な議論が展開されるようになる。その成果が、一八四四年の「ジョイント・ストック・カンパニーの登記と規制に関する法律」[*20]であって、これにより、イギリスの企業形態は、新しい歴史段階を迎えることになる。

ここで注意する必要があるのは、第一に、この一八四四年法はジョイント・ストック・カンパニーの自由設立を認めたものではあるが、出資者の有限責任制を一般的に認めたものではなかったことである。なぜそうなったかと言えば、それはこの時点ではまだ、経営者を含めて有限責任を認めたのでは、企業経営が無責任なものになるという、スミスとほぼ同様の懸念がいぜんとして強く示されていたからである。

第二に、合名会社からジョイント・ストック・カンパニーへの転換は、法的な処理のしやすい企業組織を導入しようとしたものであって、これによって、企業規模の拡張をはかろうとか、規模の経済性を追求しようという意図や議論は、ほとんど見受けられなかったことに注意する必要がある。ジョイント・ストック・カンパニーは、合名会社に比べれば、はるかに規模拡張の容易な企業組織であるから、規模の経済性をもたらす技術が、すでに繊維産業をはじめ次々に考案されていた当時の状況を考えれば、当然、その導入が目論まれていたに違いない、とわたしたちはつい想像するわけだが、多くの研究は、この点についてむしろ否定的である。[*21] そして、同様の傾向は、株式会社法制化の最後まで続くのであって、ここにわたしたちは、株式会社という存在の歴史的意味を見出す必要があるのである。ただ、この点については、後でまた考えよう。

さて、ジョイント・ストック・カンパニーの自由設立が可能になって以降、しばらく企業形態をめぐる議論は沈静化していたが、一八五〇年になると再び論争が活発化した。そして、このときの論争が、一八五五年、五六年の一般的な有限責任制（general limited liability）の導入、すなわち、今日的なかたちでの株式会社の法制化につながるのである。ただし、このとき議論をリードしたのは、産業資本家でも、金融資本家でもなかった。株式会社の設立に向けて最初に口火を切ったのは、やや意外なことに、資本主義経済の下での社会改革を唱える、キリスト教社会主義の人々であった。

キリスト教社会主義者を代弁するかたちで、議会で議論をリードしたのが、R・A・スレーニーである。彼自身はキリスト教社会主義者ではなかったものの、キリスト教社会主義者が唱える協同組合構想に深く共鳴し、貧富の格差がますます開いていく資本主義経済の下にあって、貧しい労働者階級の、市場経済への新たな参加の仕方として、有限責任を保証された小口出資を、企業・産業活動全般にまで拡張することを主張した。

これを強く支持したのがJ・S・ミルであり、頑な自由主義者と思われてきたリチャード・コブデンやジョン・ブライトもこれを支持するに至り、議論は一気に本格化し始めた。*22 こうした、当時きわめて有力であった人々の強い支持を背景に、株式会社は、まずはこのような主旨のものとして、その実現に向けての最初の一歩を踏み出したのである。

彼らの主張の歴史的意義はどこにあったのだろうか。イギリスにおいて、一般公衆から広く出資を募る形態の企業が禁止されてきたのは、ちょくせつには、南海泡沫事件への反省に依るものであった。しかし、同様の趣旨を持つ「結社の禁止」がフランスにおいても、あるいはドイツにおいてすら見られたとなれば、そこには、イギリスの特殊事情を超える、より一般的な歴史的意味合いがあったと考える必要があるだろう。

ジョイント・ストック・カンパニーのような形態をいったん許せば、まずはスミスが懸念したような、「所有と経営の分離」に伴う道徳的な問題、すなわち「個」としての道徳性に揺らぎをもたらしかねない傾向が生じることは容易に想像できる。それにとどまらず、ジョイント・ストック・カンパニーのような企業形態を許せば、個人企業や合名会社よりも、規模の大きな企業が現れやすくなるであろうこともまた、想像に難くないだろう。いったんそうした規模の企業が現れれば、個人企業や合名会社が同じ市場に参入し、互角の競争力を発揮することは（規模の経済性を背景に）難しくなるだろう。実際、ジョイント・ストック・カンパニーに対しては、この種の不信感が絶えず向けられていた。*23

つまり、「個」を超える規模と力を持った存在が現れること、それによって、「個」が経済に参加する機会が奪われる、もしくは狭まるような事態を招くかもしれないこと、そうした危惧感が、ジョイント・ストック・カンパニーや「結社」というものを、原則的に禁止してきたことの共通の背景にあった。市場経済への「個」の参加を確保すること。およそ、近代社会のテーゼとも言える理念が、企業形態の選択にも色濃く投影されていたわけである。

しかしながら、資本主義経済として営まれた現実の市場経済は、階級社会の再構築とともに、あからさまな貧富の格差を生み出した。所得も資産を持たない貧しい労働者は、資本家という他者の恣意に再び従わされる存在になり、わずかな賃銀を得るための労働と、そのわずかな賃銀を消費する場面以外に、およそ経済に参加する機会を持てなくなった。社会的分業への「個」の参加があってはじめて維持されるはずの市場経済が、「個」の参加の仕方においても、参加できる人数においても、ますます狭める方向へ自らを駆り立てるものになった。市場経済の理念と、資本主義の現実とは、近代の初頭において、早くも深刻な矛盾を露呈するものになっていたのである。

こうなるともはや、近代の理念の枠内に、企業のあり方、市場のあり方を頑なに限定することは、近代の理念から、現実社会をますます引き離すものになりかねない。キリスト教社会主義者の主張が、このような順序に従って整えられたものではなかったにしても、結果的に彼らの主張は、ここに一つの突破口を与えるものになった。

スレーニーは、労働者たちは今、「絶えず彼らにふりかかる不慮の事態に備えていくための、そして同様に、彼らのなけなしの貯蓄を維持してくための手段」を切望していると、一八四九年の下院で強く訴えた。*24 その切望に応えるための手段として彼が主張したのが、有限責任を保証したうえでの株式投資だったのである。

労働者はわずかな貯蓄しか持っていないのだから、小口の出資以外は無理である。企業の資本を多数の小口株式に分散して、一株でも出資可能という形態を取らなければ、一般の労働者が株式を買うことはできない。では、株式の自由購入さえ認めればそれでよいかと言えば、もし出資した労働者のなかから新たな経営者が選ばれた場合、そして、経営者については無限責任が負わされるとした場合には、労働者は出資に対して消極的になり、労働者が自ら企業を興すことには、いっそう躊躇するようになるだろう。これでは、労働者の経済参加の機会を増やすことはできない。これは、キリスト教社会主義者が進めようとしていた、協同組合構想においても、たちどころに深刻な問題を引き起こすだろう。

したがって、有限責任制は、経営者になる者も含めて、一般的に適用されなければならない。そして、じっさいに経営層に加わるかどうかは別として、労働者が広く株式を持つようになれば、資本主義の下において、仮に賃銀が抑制され、利潤に偏った分配が生じたとしても、その利潤から今度は、配当というかたちを通じて、二度目の所得分配を受けることができるようになる。労働者は株式を持つことによって、利潤請求者としても経済に参加する資格を持つことになり、それを通じての所得の安定化が、消費活動における経済参加の機会を、より広げることにもなるだろう。そして、言うまでもなく、株主という資格において、労働者自身が、企業の意思決定に、部分的にせよ参加する機会を持てるようにもなるだろう。

このような株式会社観は、従業員所有企業というかたちで、株式会社制度を逆手に取った戦略的発想として言われることが多いけれども、そうではなくて、じつは、株式会社のことの起こりがそもそも、株式所有を通じた労働者による経済参加の機会拡張にあったということを、わたしたちはまず、知っておく必要があるのである。

株式会社の理念を継承するものは？

以上が、近代的な株式会社という概念の、そもそもの起源である。しかしながら、ではこれがそのまま、株式会社の法制化につながったかと言えば、残念ながらそうとは言えない。

これまで述べてきたように、キリスト教社会主義者は、労働者による経済参加の機会拡張を企図していたわけだが、彼らはこれを営利企業一般において果たすというよりも、協同組合あるいはアソシエーションのような、別様の組織を作ることを通じて、労働者の自主的参加を図る方向へ軌道修正していく。そのため、一八五二年に共済組合の法制化が実現し[*25]、生産協同組合の設立が可能になると、彼らの関心は、その権利規定をめぐる法的整備に集中するようになり、有限責任制を基礎とする労働者の投資、すなわち、労働者階級への資産分配に関しては、基本的に興味を失っていく。[*26]

ところが、ある意味で皮肉なことに、その有限責任制に基づく株式会社をめぐる議論は、キリスト教社会主義者が戦列を離れた頃から、むしろ一気に加速化していくのである。そして、一八五五年、商務院副総裁であったE・P・ブーベリーによるやや強引な採決を経て、有限責任法が可決された。この法律においては、有限責任が適用されるためになお一定の資本条件が必要とされたが、翌一八五六年、ロバート・ローによって同法は株式会社法に改められ、これによって、イギリスではじめて、有限責任による株式会社の自由設立が法制化された。ジョイント・ストック・カンパニーとは異なる文字通りの株式会社、すなわち、リミテッド・ライアビリティ・カンパニー（limited liability company）が誕生したのである。これにより、銀行と保険会社を除くすべての会社が、有限責任会社として設立可能になった。株式資本の最低額規定もなく、必要な条件は定款に七人の署名があることと、社名に「リミテッド（有限責任）」を明記することだけになった。一八六二年にはさらに細かな調整が行われ、これによって、株式会社の法制化は一応の完成を見ることになる。[*27]

さてしかし、一八五五年の法制化に向けても、すべてが順調に進んだわけではなかった。そして、そこで行われた論争には、今日の株式会社が、最初の株式会社構想と、どこでどのように違っていくかが、ある意味で如実に語られている。

一八五五年の法制化に向けて、もっとも強く示された懸念は、有限責任に限定された小口出資を可能にすることが、株の投機を刺激・促進することにつながらないか、というものであった。これは結局、経営に対する当事者意識を持たない、無責任で利己的な投資家を増やすことになるのではないかというスミスの懸念を継承するものと言ってよく、当時においては、古典派経済学者でもあったJ・R・マカロックなどが特にこの点を強調した。

これに対し、株式会社推進派は、大きく二つの点からこれに反論した。第一の主張は、一九世紀前半に見られた株式投機は、投資の対象が、鉄道株などごく一部の業種に限られていたからこそ生じたのだというものだった。投資の対象が限られていたから、いざそこにブームが来そうになると、投資家はみないっせいに当該株の買いに出るし、ブームが引きそうだと情報が流れれば、今度は逆に、いっせいに売りにかかる。投機的な株価変動はこうして生じたのであって、株式会社の一般化によって、投資対象が広く分散するようになれば、こうした極端な投資の集中は起きなくなるはずだ。これが推進派のまず第一の主張だった。

第二の主張は、今日言うところのアカウンタビリティに関わるものだった。すなわち、個人企業や合名会社の場合、先にも述べたように、これは基本的に個人の私事に属する事柄と考えられていたから、財務情報等が公にされることはまずないと言ってよかった。銀行が融資を決める際も、それは多くの場合、その企業家の個人的信用であったり、あるいは長年の付き合いといった要因が、けっきょくのところ融資の可否を決めていた。ゆえに、いったん融資先が傾くようなことがあると、それはたちどころに、銀行をも巻き込む一大倒産騒ぎに発展するのが常であった。

このように、企業の内実が明かされないこと、特に財務情報がまったくのブラックボックスのなかにあることが、疑心暗鬼も含めて、投資家の投機心理を余計に刺激する原因になっていると推進派は訴えた。それに対して、株式の一般公開が行われるようになれば、株主は自分が投資した会社の財務事情を調べることができるようになる。これは財務情報を公開するに等しい効果を持つから、投資家はそれだけ客観的な情報に基づいて、投資先を選択できるようになる。こうした方が、思惑と直観に頼るだけの今までの投資よりも、よほど投機色のうすい投資環境をもたらすはずだ。ここに、推進派はむしろ、株式会社法制化の直接の根拠を求めようとした。[*28]

同様の見解によって、有限責任制による株式会社を支持したのが、J・S・ミルである。ミルは、そもそもキリスト教社会主義者の主張に同情的であり、スレーニーを支持して協同組合やアソシエーションを擁護する議会証言も行っている。ミルは、アソシエーションに対する期待を終生失うことはなかったけれども、『経済学原理』における、株式会社支持の理由については、次のように述べている。

イギリスを含む多くの国々の法律は、株式組織の会社に関連して、二重の仕方で誤謬をおかしてきた。それは、このような会社、特に有限責任の会社の設立を認めることを非常に不当に警戒する一方、一般に営業状態の公開の励行を等閑に付してきた。[*29]

ところが、この営業状態の公開こそ、この種の会社から発生しうる危険に対して公衆を護る最善の保障であり、また法律がその一般的方針に対する例外として設立することを認めたこの種の会社の場合にも、まったく同じように必要とされるところの保障なのである。[*30]

これらは、当時の株式会社推進派の主張とほぼ重なるものと言っていいだろう。しかし、ではスミスが懸念したような問題、すなわち、所有と経営の分離に伴う責任意識の希薄化のような問題は心配しなくてよいのだろうか。特に、有限責任制が認められれば、負債の全額が返済される保証はなくなるわけだから、これは、取引相手にとって大変危険な存在になるのではなかろうか。

この点については、ミルは次のような見解を述べている。すなわち、有限責任制をこれまで禁止してきたのは、それによって、誰かの利益を守ろうしてきたからに違いないが、それは誰かというと……

それは…その会社と取引をなすことがあるであろう人々、そして出資された資本が支払うに足りる額以上の負債をその会社が負うこともありうる人々――このような人々でなければならない。[*31]

けれども、その会社と取引をなすべく強制されている人は、ひとりもいないわけである。さらにそれに無制限の信用を与えるよう強制されている人は、なおさらいないわけである。[*32]

すなわち、債務の履行に不安を感じさせるような株式会社とは、そもそも取引をしなければよいのであって、これを理由に、有限責任制一般を危険視するには及ばないというのがミルの見解である。ただし、そうした判断を取引相手ができるようになるためには、財務状況を含めた会社の情報が公開されていなければならない。したがって、ミルの考え方は、株式会社を法制化することで、財務情報等を広く公開させることが、結局は、有限責任制に伴う危険を軽減させることにもつながるというものであり、ゆえに取引相手の保護という観点からも、株式会社は優れた企業形態であるというものである。

この見解は、経営内容のよくない企業は、それが情報化されて人々に知られる限り、結局は市場によって淘汰されるはずだ、という含みを持つ。スミスが、所有と経営の分離によるモラルの弱化という組織内的な現象を純粋に危惧していたのに対し、ミルにおいては、そういう企業は市場競争(この競争は、コンペティションである)によって淘汰されるはずだから、そのような懸念が現実を覆うには至らないという、ある意味でスミスよりも楽観的な市場経済観が示されている。

ミルのような楽観論が成り立つためには、企業の実態が微妙な部分も含めて情報化でき、そうした情報を、一般の投資家であっても、正しく評価できることを前提しなければならないだろう。しかし、その後の株式会社と、株式市場の顚末を知るわたしたちからすれば、スミスのような懸念が、あながち取り越し苦労とばかりは言えなかったことも、実感せざるを得ないだろう。

さてしかし、スミスとミルの比較がここで重要なのではない。

株式会社法制化の過程を整理していて、いささか意外の感に打たれるのは、一八二五年のバブル法の廃止から、一八五五年、一八五六年さらには一八六二年へと続く株式会社法の制定と改訂に至るまで、「規模の経済性」に関わる議論が、ほとんど一度も見受けられないことである。

わたしたちは、市場経済を根本的に変容させたのが、規模の経済性であることを知っている。そして、規模の経済性は、工業化の度合いを強めていく資本主義経済にとって、およそ避けがたい性質と言ってよく、それが一九世紀半ばから現在に至る資本主義経済を、基本的に特徴づけてきたことも、すでに十分承知している。しかし、規模の経済性を発揮するためには、それに耐えられるだけの大規模な企業組織が必要である。だから、それに応えるものとして、個人企業・合名会社の限界を超えてゆく存在として株式会社が出現した、そのようにわたしたちは、半ば常識的に理解してきただろう。

しかしながら、じっさいに株式会社が法制化されてゆく現実の過程を追ってみるに、規模の経済性に有利な組織形態であるから株式会社を、あるいは規模の経済性に必要な資本を集めやすいから有限責任制を、といったような論調は、結局一度も出てこなかったように思われるのである。しかしそれでは、株式会社とはいったい何のために求められたものだったのだろうか。

この事実は、株式会社の法制化、あるいは有限責任制の法制化に努力した人々が、ほとんど投資家あるいは金融資本家であって、生産事業を営む実業家、すなわち、産業資本家はほとんど関与しなかったとする研究者の指摘とも一致する。[*33] しかし、規模の経済性の利益をまず享受するのは、実際に実業を営む産業資本家のはずである。だからもし、規模の経済性を実現するために、あるいはこれを支えるために、株式会社が必要であったとするなら、まずは産業資本家が、その導入に躍起になったとしてもおかしくないはずである。だのに、この間、彼らはほとんど目立った動きをしておらず、有限責任制の導入に対しては、むしろ警戒の念すら示す者が多かったという。そしてその理由は、おおむねスミスが示したものと、同種の懸念に基づくものであったという。

そうすると、どういうことになるのか。なぜ、規模の経済性を享受できる実業家ではなく、投資家や金融資本家といった人々が、株式会社の導入に熱心に取り組んだのか。それは株式が、すでにダブつき始めていた過剰な資本の、新しい有利で安全な投資先になると考えられたからなのである。株式会社が一般化すれば、投資の対象を広く分散させることができる……株式会社になれば、営業内容や財務情報がより入手しやすくなる……これらが重要なメリットになるのは、なるほど実業家ではなく、投資家の方である。なかでも有限責任で済むという一事は、投資家にとってもっとも魅力的な要件であったに違いない。株式会社の法制化を担ったちょくせつの原動力は、労働者階級の経済参加の機会を回復させるためでも、産業における規模の経済性を追求することでもなく、中産階級から上の階級にとっての、新たな殖財の糧を作り出すことにあったのである。株式会社推進派の主張、さらにはミルの主張ですら、この文脈によく当てはまるものであることを、わたしたちは先の引用から確認しておこう。

　もちろん、株式会社と規模の経済性が、いつまでも無縁のままでいるはずはない。[*34] だがそれも意外なほどに遅く、イギリスの産業資本家が、株式会社と規模の経済性の不可避的な関係を自覚するようになるのは、一九世紀末を過ぎて以降、ドイツ、アメリカからの急速な追い上げにあって、イギリスも繊維産業等の軽工業から、鉄鋼に代表される重化学工業へと、舵を切り直す必要を痛感するようになってからである。

　しかも、一九世紀末のいわゆる大不況を背景に、経験に乏しい株式会社はいち早く倒産に追い込まれる傾向にあったから、株式会社はさらに長らく不信の目で見られ、その一般的普及はなかなか見られなかった。それが遂に、最後の牙城を崩されるのは、第一次世界大戦において、アメリカの圧倒的な工業力と兵器力のおかげで何とか戦勝側には残ったものの、ドイツに対してその工業生産力の遅れを痛感させられて以後、すなわち、一九二〇年代になってからであると言ってよい。ここからは、イギリスも株式会社の一般化と、その下での規模の経済性の追求に自ら邁進し、今日的な工業国としての地位を築いていく。ただそれでも、イギリスではいまだに、町工場的な同族企業が各地に数多く見られるだろう。それは、イギリス経済がたどって来た歴史の証人と言うべき存在かもしれない。

株式会社がたどってきた歴史とは、このようなものであった。株式会社は実業的な規模の経済性のためというよりは、過剰な資本のはけ口として生み出されたものと考えてよいのである。

では、株式会社の可能性もまた、この歴史に制約されることになるのだろうか。すなわち、株式会社とは、しょせん、株式投資のための存在なのか、あるいは、今となっては、規模の経済性の担い手という以外、その存在意義を示せない存在なのだろうか。

筆者はここで、株式会社のはじめの一歩が、キリスト教社会主義によって踏み出されたという事実に、なおすこぶる重視すべきものが残されていると思う。キリスト教社会主義という信仰もしくは思想がちょくせつ重要だと言っているのではなく、そこで彼らが目指そうとしたもの、すなわち、企業活動への小口出資を可能にすることを通じて、貧困労働者の経済参加の機会を回復させようとしたという事実の持つ意味を、もっと深く掘り下げて考える必要があると思うのである。

貧しき労働者も何がしかの資産を持てるようにすること、そして配当を得ることで低賃金所得を補い、利潤側に偏りがちな分配構造に対して、政策的な恣意に左右されない分配平準化への道を開こうとしたこと、そして、そのちょくせつの影響力はさておくにしても、労働者の立場において、出資者としての発言力を手に入れること、すなわち、企業のステークホルダーとしての地位を明確なものにすること。キリスト教社会主義者は、この構想を、協同組合や共済組合として現実化させる方向を選択していくけれども、これが「株式会社」のそもそもの起源に含まれていたという事実を、わたしたちはもっと重視して然るべきであると思うのである。

それは、株式会社が規模の経済性と結合して以降も同じであって、株式会社は、規模の経済性による利益を、出資者である普通の人々に還元する仕組みとして、もっと言えば、巨大企業、独占・寡占企業の利益をそこに留め置かせずに、これを広く社会全体に分散させるための仕組みとして、活用できるはずのものだったのである。

確かに、その後の現実は、この理論的な可能性とは真逆とも言える方向に進んでいった。特に、推進派が主張した第一の論点とは裏腹に、株式は社会全体に平均的に所有されるには至らなかった。また投資の判断が、ケインズの言う美人投票の原理のように、仕手筋に誘導されやすい性質を持ったことで、投機的売買は減るどころか、今や投資と投機の区別すらできない投資層を大量に生み出すにまで至った。これでは、一般の労働者がなけなしの貯蓄をあてることに二の足を踏むのは当然であって、株式会社はそれ本来の社会性をほぼ喪失した状態で現在に存在する。

しかし、それではわたしたちは、株式会社の理論的な可能性、あるいは、その誕生の瞬間に一瞬だけ垣間見せた、それ本来の可能性の光まで、忘れてしまわなければならないのだろうか。今現在の株式会社を、本来の方向に向け直すことはもはや現実的でないとしても、株式会社が一瞬垣間見せた可能性の光を引き継ぐ、新しい企業のあり方を模索することはできないものだろうか。

わたしたちはそれを可能だと信じる。そして、現にその方向へ向けて活動を開始している人々がいることを知っている。それは、企業を金儲けの道具として狭く捉えるのではなく、企業を、自身の得意を活かすために人々が集まってくる場所として捉え直そうとする、新たな試みである。それは、株式会社に託されたはずの、そして企業というものにそもそも託されたはずの、本来の社会的可能性を取り戻す試みであり、同時に、市場経済をふたたび、人々の社会参加の場として取り戻そうとする試みでもある。

いよいよ、わたしたちは現代に到達する。次章では、この新しい企業の試みと、そこでの新しい労働の試みを、『国富論』の本来の可能性に関わらせながら、やや大胆に議論してみることにしよう。

＊1　ここで注意する必要があるのが、いわゆる新自由主義者の主張である。新自由主義と言ってもいろいろな議論があるから単純な一括りは危険だけれども、新自由主義には、市場の寡占化・独占化は政府の認可や指示に依るものであって、規模の経済性は関係ないとする見解がある。たとえば、フリードリッヒ・A・ハイエクは『隷属への道』で次のように言っている。「独占は人為的に作られるという結論は、競争の衰退と独占の進展が、歴史上どの国から順番に起こってきたかを見れば、よりはっきり確証される。この進展がテクノロジーの進化の結果とか、『資本主義』の進化の必然的産物であるならば、経済体制がいちばん進んだ国でそれはまず起こるはずだ。ところが、歴史の事実から見れば、それはまず、一九世紀の最後の三分の一世紀に、当時は産業が比較的未発達であった米国とドイツという国で出現したのである」。（ハイエク『隷属への道』、五五ページ）。後発国が産業政策の一環として独占を推進することは確かにある。しかし、イギリスで規模の経済性が発生していたのなら、それは

必ず独占市場を生み出したはずだとは必ずしも言えない。企業が共倒れを恐れて、ある段階で生産調整を行えば、独占は生じないかもしれないが、それは規模の経済性と独占が無関係であることの証明にはならない。また、政府によって独占市場が作られたとして、長期的にはともかく、短期的にも生産性の悪化が生じなかったとすれば（現にアメリカ、ドイツの価格競争力はイギリスを凌駕していく）、そのことじたい、規模の経済性の存在の傍証になるはずである。

＊2 『国富論』中公文庫版では「合本会社」と訳されている。日本では慣習的に、joint stock companyも株式会社と訳すことがあるが、株式会社の本質である有限責任制の観点からすれば、joint stock companyには無限責任社員が含まれることもあるので、本当は正しい語法ではない。株式会社と言ったら、全員が有限責任社員で構成されるlimited liability companyのことと考えた方がよい。なお、joint stock companyを直訳すれば合資会社となり、そのように訳せないこともないのだが、合資会社という概念は、フランス法における*société en commandite*に由来するもので、経営者は無限責任、経営に携わらない出資者は有限責任となる企業形態を意味した。これは、この先論じるイギリスの株式会社の法制化において、当初導入されようとしたものだったが、結局、見送られた経緯がある。J・S・ミルはこの見送りを厳しく批判している。ただ、イギリスのjoint stock companyは、*société en commandite*とまったく同じものでもないので、合資会社と訳すのも厳密には問題である。なので本書では単純に、ジョイント・ストック・カンパニーと呼ぶことにする。

＊3 アダム・スミス、『国富論Ⅲ』、八二ページ。この文中の「制規会社」について、スミスは次のように説明している。「制規会社（regulated company）は、どこから見ても、ヨーロッパのすべての国々の大小都市にごく普通な、諸営業の同業組合に似ていて、まったく同じ種類の独占体なのだが、それをもっと大きくしたようなものである」（『国富論Ⅲ』、七一ページ）

＊4 合名会社は、複数の発起人がそのまま経営にあたり、会社の負債については、全員が無限責任を負う。また、発起人が一人でも脱退すれば、会社自体も解散することになる。言わば、複数人による個人企業のようなもので、もっとも古典的な会社形態ではあるが、現在でもけっして少なくない。近代ヨーロッパでは長らく、合名会社において成功することこそが事業に成功することを意味した。そしてその習慣は、感覚的には一九世紀末に至るまで健在であって、じつは、今日の主流的経済学である新古典派経済学の形成期においてもそうであった。このことが、新古典派経済学の基本的企業像、したがって、基本的市場像を現在でもなお規定していることについては、井上義朗『市場経済学の源流』、E. J. Nell, *The Theory of*

*Transformational Growth*などを参照。

＊5 『国富論Ⅲ』、八三ページ

＊6 『国富論Ⅲ』、八三ページ

＊7 『国富論Ⅲ』、八四ページ

＊8 「所有と経営の分離」は、一般的にはA・バーリ＝G・ミーンズの『近代株式会社と私有財産』に由来する言葉とされるが、そうした現象がありうることと、それに起因する諸問題については、スミスの時代からすでに周知のものであった。

＊9 『国富論Ⅲ』、一〇〇ページ

＊10 じつは、スミスとほぼ同様の懸念をもって、すなわち、所有と経営の分離がもたらすモラルへの懸念をもって、株式会社に全面的な同意をしかねたのが、初期近代経済学の大成者とも言われる、アルフレッド・マーシャルである。マーシャルは一九世紀末から二〇世紀初頭にかけて活躍した経済学者であるから、その時期、株式会社はすでに自由設立が可能になっている。マーシャルは株式会社の台頭をほぼ確信していたが、それが他方で持つ道徳的な懸念において、これを手放しで認めることはできなかった。そうした企業認識がしかし、新古典派経済学の原点にあって、それが今のミクロ経済学の基礎理論のなかに継承されていることは、もっと自覚されてよいことと思う。この点については井上前掲書『市場経済学の源流』参照。さらに、この問題はある意味で、今日の経済学でいうエージェンシー問題を先取りするものとも言える。ただし、スミスやマーシャルが懸念したのは、どちらかと言えば、生産者の意識を失った「所有者（株主）」における市民モラルの後退であったのに対し、エージェンシー問題が懸念しているのは、「経営者」が株主利益の最大化に努めなくなる可能性の方だから、これは、スミスやマーシャルとは逆方向の心配をしていることになる。

＊11 一八世紀初頭、貿易利潤を使って国債を引き受けるための会社として「南海会社」が設立されると、その手法が投機熱をあおって株価が暴騰し、イギリス全土で一大投資ブームが巻き起こった。しかし、ほどなくして株価は暴落し、イギリス経済に巨額の損害と負債を残した。いわゆる株式バブルの先駆例として、今日でもたびたび言及され、バブル経済の危うさを象徴する言葉にもなっている。文献には事欠かないが、読みやすく、かつ含蓄の深い一書として、ジョン・K・ガルブレイス『（新版）バブルの物語』などがある。

＊12 これは正式には、The Royal Exchange and London Assurance Cooperation Actといい、南海泡沫事件直後の一七二〇年に制定された。

＊13 Joel Mokyr, *The Enlightened Economy:Britain and the Industrial Revolution*, p.357などを参照。

＊14 これについては、R. Floud and P.Johnson（eds.）*The Cam-*

bridge Economic History of Modern Britain, vol.I, chps.2, 5, 7, 8, 9, vol.II, chps. 4, 9などに具体的な事例が多数紹介されている。

＊15 この点について、樋口陽一は次のように言っている。「ヨーロッパの近代個人主義が家長的個人主義として出発し、家が公権力からの自由を確保する盾という役割をひきうけた…」（『自由と国家』、一六九ページ）。

＊16 村上淳一『ドイツ市民法史』、八六ページ

＊17 『ドイツ市民法史』、九〇ページ（傍点原文）

＊18 これに関連することを、かつて内田義彦は次のように表現していた。「私は、日本の経済とか社会にある近代以前的なものは、日本の経済の発展を阻止する方向に働くのではなくて、やたらに高度成長させる、近代ぬきの超近代に仕立てあげる作用をしていると考えております…」（内田義彦『作品としての社会科学』、一一ページ）。「近代ぬきの超近代」という側面は日本に特徴的なものかもしれないが、この指摘そのものは、じつは、西洋においてすら当てはまるのではないかと筆者は思う。

＊19 注15の引用に続く、樋口の次の指摘は、他人ごとでは済まされない問題を現在になお提起しているだろう。「この考え方（部分社会論―家族的なものがそれじたいとして一個の社会を形成するという発想：引用者）は、国家に対して自律的な諸集団の自由を保障するのとうらはらに、国家法によるコントロールから解放された社会的権力が諸個人に『社会的専制』をおよぼすのを放任する、ということを意味する」（『自由と国家』、一七九ページ）。

＊20 Joint Stock Companies Registration and Regulation Act.

＊21 Geoffrey Todd, 'Some Aspects of Joint-Stock Companies, 1844-1900', *Economic History Review* 4, pp.49-51, John Saville, 'Sleeping Partnership and Limited Liability', *Economic History Review*, 2nd series 8, pp.418-433, J.B. Jefferys, *Business Organization in Great Britain 1856-1914*, C.E. Amsler, R.L. Bartlett and C.J.Bolton, 'Thoughts of some British economists on early limited liability and corporate legislation', *History of Political Economy*, vol.13; 4, pp.774-793などを参照。

＊22 自由貿易連合のリーダーであり、マンチェスター派を代表するコブデンやブライトがキリスト教社会主義者を支持したというのは、一見、意外に思われるかもしれない。しかし、他人の恣意に依らないかたちで、労働者が自らの生活水準を向上させていける仕組みを「制度」として樹立することは、自由主義の思想に抵触するものではなかった。また、コブデンとブライトは、敬虔な福音派のキリスト者であって、彼らのときとして強烈な自由主義思想の基礎には、むしろ福音派の教義が影響しているという議論もある。そして、福音派自身の思想変容が、このときの、有限責任制支持につながったという見解もある。Boyd Hilton, *The Age of Atonement: The Influence of*

Evangelicalism on Social and Economic Thought, 1795-1865 などを参照。

＊23 *The Enlightened Economy:Britain and the Industrial Revolution*, p.357

＊24 'Sleeping Partnership and Limited Liability', *Economic History Review*, 2nd series 8, p.419

＊25 Industrial and Provident Societies Act,1852.

＊26 'Sleeping Partnership and Limited Liability', *Economic History Review*, 2nd series 8, p.422

＊27 以上の経緯については、一般書でも、J・ミクルスウェイト、A・ウールドリッジ『株式会社』第三章などで読むことができる。

＊28 'Sleeping Partnership and Limited Liability', *Economic History Review*, 2nd series 8, pp.425-428や、*Business Organization in Great Britain 1856-1914*など参照。

＊29 J・S・ミル『経済学原理』、第五分冊、二一四ページ

＊30 『経済学原理』、第五分冊、二一四ページ

＊31 『経済学原理』、第五分冊、二一〇ページ

＊32 『経済学原理』、第五分冊、二一〇ページ

＊33 *Business Organization in Great Britain 1856-1914*を参照。これらは文献的には少し古いわけだが、私見では、以後、こうした角度からの研究はあまり進められてなく、今日でもまず参照されるべき研究といえる。

＊34 この一連の議論のなかでも、規模の経済性に言及される機会がないわけではなかった。ただし、それは、他の論点では利害の対立し合う者どうしが、この点においては互いの妥協点を見い出せるために、一種の中立地帯的な使われ方をしたにすぎなかった。

第4章
社会的企業の出現：新しい「企業」は可能か

スミスが『国富論』で想定していた市場経済は、
少数の人々だけが享受できる規模の拡大を目指すのではなく、
より多くの人々が機会と権利を持つことを志向するものであった。
規模の経済性にがんじがらめにされた現在の株式会社に、この起源への回帰を
求めるのは困難であるが、前章でみたような、企業形態の変革を通じて
市場経済の理念を回復させようとする19世紀の段階で行われていた試みを、
この21世紀に再び行ってみようという新しい組織―社会的企業―を、
米国、欧州、日本から選び、その可能性と問題点を考えてみたい。

1 「社会的企業」とは何か？

市場経済と社会的企業

ここでいったん、これまでの議論を振り返っておこう。わたしたちは、今アダム・スミスの『国富論』を読み直そうとしている。しかも、これを文字通りの「国富論」としてではなく、「貧困論」として読み直そうとしている。

『国富論』は一般的に、一国が豊かになる条件を解明した本として理解されている。ピン工場の例に象徴される分業の生産性、資本投下の自然な順序として表現される資本蓄積の原理、そして、豊かさを求めようとするもっとも強力な動機としての利己心の解放、さらに利己心と公益の矛盾を解決するものとしての「見えざる手」のはたらき。こうした数々の新しい知見を駆使して、市場経済がもたらす豊かさの由縁を、人類史上初めて体系的に解き明かした書物、それが『国富論』であると言われている。

しかし、スミスが「豊かさ」と表現したものは、金銀財宝でもなければ、あり余るほどの物資でもない。スミスの言う「豊かさ」とは、生活上の「必需品と便益品」のことであり、それを社会の隅々にまで行き渡らせることを言っていた。逆に言えば、スミスの言う「豊かさ」の損なわれた状態とは、生活上の「必需品と便益品」ですら、手に入れられない状態のことを意味した。「必需品と便益品」すら手に入れられない状態とは、まさしく貧困を意味するはずである。そのような状態から人々が解放されていること、それがスミスの考える「豊かさ」の定義なのである。だとしたら、『国富論』という書物は、今日一般に想像するような「豊かさ」を追求しようとした書物というよりも、むしろ人々が「貧困」に陥らないための条件を解き明かそうとした書物だったと考えるべきではないか。あるいは少なくとも、そのように読み直すことのできる書物なのではないか。わたしたちは、このような問題意識に立って、『国富論』を読み直してきた。

その結果、わたしたちは分業の原理を、通説的な生産性向上のための手段としてよりも、社会を構成する普通の人々の、社会参加の仕方を表わす概念として捉え直すことにした。この場合の分業とは、ピン工場の例のような作業工程の分割だけでなく、社会全体における職業の分化という意味合いも含んでいる。そして、どちらかと言えば、この後者の方に重きを置いて、分業と協業の原理を捉え直そうとしている。

もちろん、工程の分割と職業の分化は、互いに無関係なものではない。たとえば、「本を作る」という一つの作業を考えた場合、本の執筆、編集、印刷、販売をすべて一人でやらなければならないとしたら、これに携われる人は相当限定されるだろう。しかし、執筆、編集、印刷、販売をそれぞれ別々の仕事として分業化し、一人の人間は、そのなかのどれか一つを行えばよいということになれば、およそ販売の才に欠けている自分でも、執筆だけならできるかもしれないとして、この工程に参加しようとするだろう。このようにすれば、ここに四つの仕事が生まれ、四人の人間が、それぞれ自分のささやかな得意を活かして、自らの仕事を得ることができる。そして、四つの作業の協業の成果として、最終的に一冊の本が出来上がるのである。

このように、作業工程を分割し特化することで、部分的な能力しか持ち合わせない人であっても（ほとんどの人がこれに当てはまるだろう）、生産過程に参加することができるようになり、それを通じて、一種の社会参加を果たすことができるようになる。しかもこれは、健常者にのみ限られる話ではない。何らかの知的・身体的障がいがある人でも、分業の仕方によっては、その一角を担うことは十分可能なはずである。*1 そのようにして、健常者・障がい者に関わりなく、それぞれが自身の得意に応じて職業を持ち、それを通じて市場経済の交換過程に参加していくこと。これが社会を貧困から解放するための（十分とは言えないまでも）必要条件であり、本来の、すなわち近代が切り拓いてきたはずの、市場経済の基本理念であることを、わたしたちは確認した。

そして、このような職業参加と社会参加の仕方を守るのが、本来の競争、すなわち、コンペティションの役割であった。コンペティションは、強者が弱者を淘汰する過程ではなく、誰かが強者になろうとして、その勢力を広げようとしたとき（これは経済の場合、競合他社を淘汰するような、生産量の拡張として現れる）、生産性の低下を通じて費用条件が悪化し、これが競争力を低下させることで、勢力拡張を未然に阻止するというかたちで現れる。いわゆる需給均衡図表の右上がり供給曲線は、これを視覚的に表現したものである。

これは、勢力拡張をはかるものが現れたとき、これを特定の人の権力によって抑制するのではなく、互いに同等の力しか持ち合わせない人々のあいだに生じる、メカニズムの作用によって抑制をはかるものである。この、人の恣意に依らずに、一人ひとりの同等性を維持していこうとする点に、近代性の思想を見て取ることができるだろう。

しかしながら、この議論、すなわちコンペティションの発想は、けっして盤石な基盤の上に築かれたものではなかった。なぜと言って、コンペティションが機能するためには、ただ単に競争があるというだけではダメで、ある企業が生産量の拡張をはかろうとすると、その企業の競争力が低下すること、すなわち、生産性が低下することが絶対の前提条件として要求される。今日の経済学では、これを収穫逓減と表現するが、この条件が満たされなければ、コンペティションはそれ本来の機能を発揮できない。しかし一九世紀以降の現実経済は、まさしくこの収穫逓減への挑戦として、自らを発展させていったのである。

なぜと言って、収穫逓減を克服することは、企業が利潤を高めていくための、格好の条件になるからである。収穫逓減は、理念としての市場経済にとっては不可欠の条件だが、現実の資本主義経済にとっては、克服されるべき目の前の桎梏であった。この岐路に立ち至ったとき、資本主義はもはや、市場経済の理念をそのまま体現するものではなくなる。これは、初期の産業革命しか知らないスミスには、十分に予見できない事柄だった。そして言うまでもなく、その後の現実を支配していくのは、理念としての市場経済ではなく、現実としての資本主義経済であった。

資本主義経済において、競争はもはや、理念としてのコンペティションとしては現れない。収穫逓減を、大型資本設備によって克服した資本主義経済においては、生産量の拡張は生産性の向上を伴うものになる。収穫逓減から収穫逓増へ、バトンが渡される。そして、生産量の拡張が事前に抑制されない以上、競合企業は、技術水準に追いつき、追い越すのでない限り、市場において生き残れなくなる。競争は文字通り、追いつき追い越せのレースの世界、すなわち、エミュレーションの世界に変わる。わたしたちにとって自明にも見えるエミュレーションとしての競争は、このようにして出現したのである。それは、歴史的な技術的条件に支えられた概念であって、一＋一＝二のような普遍的な概念ではないのである。

収穫逓増が一般化した経済では、弱小企業はどんどん淘汰されることになるから、文字通りの独占にまでは至らないまでも、実際に生き残ることのできる企業の数は、おのずと限られたものになる。特に、人件費が固定費化しやすい日本などでは、業種に関わりなく、規模の経済性が生じやすくなるから、どの市場を見ても、上位数社だけで市場の大部分が占有される、いわゆる寡占市場が形成されやすくなる。それは、年々公表される市場占有率の統計などを見ても明らかであろう。

かくして、気がつけば、そうした寡占市場に属する企業のどれかで働くことが、人々の職業選択における一般的な選択肢になっている。もちろん、公務に就くこと、専門職に就くこともあり得るが、それは企業で働くことよりも、やはり限られた選択肢になる。企業で働く以外の社会参加の仕方が、事実上きわめて限られているというのが、現代経済の歴史的個性と言ってもよいわけだが、ある時代に生きる者が、その時代を歴史的に相対的なものとして捉えることはすこぶる難しい。歴史的な個性とはいつも、普遍的な自明性の仮面をかぶって、わたしたちの目の前に立ち現れるのである。

もちろん、収穫逓増にも、それを支える条件がある。収穫逓増は、大型の資本設備と、それを動かす大量の労働者を必要とする。したがって、収穫逓増は小さな個人企業などには不向きなものであって、ここから資本主義は、企業形態の変革に着手するようになる。

収穫逓増は、最終的には株式会社という企業形態を、自身にもっとも相応しい組織形態として選択するようになる。株式会社とは、ちょくせつには投資方法を表わす金融概念なのだが、これに事業部制という要素が加わるに至って、ほぼ無限大の拡張が可能な企業形態になった。[*2] だから、株式会社とはまさしく収穫逓増、もしくは規模の経済性を、組織面で支えるために生み出された企業形態に思われがちである。しかしながらわたしたちは、そのような理解の仕方は、歴史的に見て必ずしも正しくなく、むしろ株式会社の起源は、資本主義の現実よりも市場経済の理念の側にあったことを確認した。

すなわち、資本主義の進展とともに、資本を持つものと、持たざるものとの格差は目に見えて広がっていき、もはや労働者には、労働者として働くこと以外、経済に参加する手段も資格も失われたかに見えたとき、そのなけなしの貯蓄を投資に変え、過酷な労働に耐えること以外にも収入を得る道筋を開くものとして、そして自ら企業を起こすことはできなくても、企業の所有者側に身を置く機会を与えるものとして、小口出資と有限責任を本質とする、株式会社の法制化が主張されたのだった。

わたしたちは、この株式会社の起源には、すこぶる重要な意味合いがあったと考えている。確かに、その後の株式会社の法制化は、この線に沿って進められたわけではなかった。また、今現在の株式会社に、この起源への回帰を求めようとしても、それは虚しい次第に終わるだろう。しかしながら、企業形態の変革を通じて、市場経済の理念を回復させようとする試みが、一九世紀の段階で行われていたのなら、それを二一世紀で再び行ってみても、わるいことは何もないだろう。『国富論』に体現された、近代市場経済の理念を取り戻すためには、革命的な経済改革を夢想するよりも、わたしたちに身近な「企業」の変革を、わたしたちの手で始めることが必要であり、おそらくそれが、もっとも有効な方法になると思うのである。

社会的企業の特徴

そうしたなか、近年、社会的企業（Social Enterprise）という言葉が、あちらこちらで聞かれるようになった。社会的企業とは、貧困、失業、教育、地域振興、資源・エネルギーといった、さまざまな社会的課題に取り組むことを自らの本業として位置づけ、しかもこれを、基本的に自らの事業収入によって賄っていこうとする、新しい企業の試みを総称したものである。これはいったい、何者だろうか。いったいいつ、どこから現れ、何をしようとしているのだろうか。

社会的企業と呼ばれる企業には、二つの大きな特徴がある。その一つは、社会的課題への取り組みを、企業としての本業に位置づけているということである。したがって、営利的な本業を別に持ちながら、企業の社会的責任の一環として、環境問題や教育問題に関わろうとするいわゆるＣＳＲ活動とは、基本的に異なるものとして理解する必要がある。

もう一つは、社会的企業は、その活動資金から人件費に至るまで、自らの事業収入によってこれを賄う独立採算制を目指していることである。社会的問題への取り組みということでは、古くから、ＮＰＯやＮＧＯの活動があるわけだが、取り組む事業の性質上、これらの活動において黒字を出すことは難しく、多くの場合、寄付金や公的助成金によって、事業を維持することが必要になる。それゆえ、人件費も極力抑えられ、ＮＰＯやＮＧＯの給料だけで生活していくことは事実上難しく、他に仕事を持ちながら、ＮＰＯやＮＧＯの活動に参加していくというのが、これまでの一般的な姿だった。

これに対して社会的企業は、寄付や公的助成を拒むことはないにしても、できる限り自力で収入をあげ、寄付や助成金への依存をできるだけ減らそうとする。また、社会的に平均的と言える水準の給与を支給することで、この仕事に専念できる従事者を確保し、恒常的に社会的課題に取り組める体制を整えようとする。もちろん、それだけの条件をすべて満たすことのできる社会的企業は、まだまだ少数にとどまるものの、事業収入だけで、全収入の五〇パーセントを超えるに至った社会的企業は、今日けっして少なくない。

社会的課題への取り組みから、黒字になるほどの事業収入をあげることに対しては、これを「怪しからぬ」ことと受け止める人もいるだろう。しかしながら、ＮＰＯであっても、営利企業の利潤に相当する剰余金をあげている団体は少なくなく、そうしなければ、結局、事業を継続できなくなる。[*3]また、収入をあげると言っても、たとえば、失業問題やホームレス問題に取り組む場合、失業者やホームレス状態にある人たちから、ちょくせつ代価を取るとは限らないのであって、それでも事業全体では黒字を維持している社会的企業が、現に存在しているのである。それには、文字通り画期的な経営手法を生み出す必要があるのであって、わたしたちはその驚くべき実例を、後に見ることになるだろう。

社会的企業には、いろいろな形態がある。たとえば、何らかの知的・身体的障がいを抱えている人を積極的に雇用し、市場性のある商品を製造・販売して事業収入をあげ、そこから給与を支給することで、障がい者の経済的自立を支援する社会的企業を、ソーシャル・ファーム（Social Firm）と呼ぶ。これは、障害者雇用促進法に基づく二パーセントの雇用義務を果たしている企業のことではない。ソーシャル・ファームは、従業員の大部分が障がい者で構成される企業である。日本では、知的障がい者によるクッキー販売を軸に、知的障がい者の経済的自立を支援している「NPO法人ぱれっと」や、知的障がい者が従業員の約七割を占めるというチョーク生産の日本理化学工業（株）などが、その代表的な事例と言えるだろう。*4

あるいは、長期失業や、いわゆる「ひきこもり」などの期間が長引いた結果、仕事に就くことじたいに抵抗感を抱くようになっている人に対して、単に求人の情報だけを提供しても、それが職場復帰や社会復帰にそのまま結びつくとは考えにくい。そうした場合に、技能面から精神面にわたるサポートを広く行って、職場復帰や社会復帰を支援しようとする仕事を中間的就労支援といい、これを主たる活動内容とする社会的企業を、特にヨーロッパではWISE（Work Integration Social Enterprise の略。労働統合型社会的企業とも言う）と呼んでいる。日本ではまだ聞きなれない言葉ではあるが、ヨーロッパでは、WISEが社会的企業の中心をなしていると言っても過言ではない。社会的企業に関する研究者層がもっとも厚いのもこの領域と言ってよい。その背景には、民族問題や宗教問題など、日本とはやや異なる社会的文脈もあるものの、ホームレス問題への取り組みなど、日本で画期的な成果をあげている社会的企業には、このWISEに相当するものが少なくない。今後、雇用の流動化だけでなく、定年退職者の再就職希望なども増えていけば、日本においても、WISEの必要性が強く認識されるようになるだろう。

さらに、いわゆる地域振興や、生活環境の改善に取り組む社会的企業は、コミュニティ・ビジネス（Community Business）と呼ばれる。ここには、改修した古民家に先端的な企業の事務所を置くサテライト・オフィスや、アーティスト・イン・レジデンスと呼ばれる芸術振興活動を柱に、地元主導で過疎化対策に取り組んでいる「NPO法人グリーンバレー」や、コミュニティ・デザインの立場から、さまざまなコミュニティ・ビジネスを支援している「studio-L」など、日本を代表する画期的な社会的企業が多い。*5

これ以外にも、社会的企業にはいろいろな種類のものがある。こうした分類は、基本的にはヨーロッパ、特にイギリスの経験に基づくものなので、そのまま日本には当てはまらないものも多く、*6また、日本では社会的企業という概念じたいが包括的だから、あまり細かな分類にこだわる必要はないかもしれない。ただ、そのためもあってか、日本では、企業組織としての社会的企業と、その創始者である社会起業家をほとんど同義として扱ったり、あるいはコミュニティ・ビジネスやソーシャル・ビジネスについても、本来の意味を無視して同義のように扱ったりするなど、いささか乱暴な言葉遣いもしばしば見受けられる。差し当たり大きな弊害はないかもしれないが、言葉遣いが不正確であれば、認識や理解も同じように不正確になるから、言葉の意味はやはり正しく理解しておく必要がある。

さて、日本では、社会的企業のための特別な法人格はまだ制度化されていない。そのため、大部分の社会的企業は特定非営利法人、すなわち、NPO法人として法人格を得ている。しかし海外を見れば、たとえばもっとも早いイタリアでは、一九九一年に「社会的協同組合」という法人格が設置され、ベルギーでは「社会的目的会社」（一九九五年）、フランスでは「集合的利益のための社会的協同組合」（二〇〇一年）、そしてイギリスでは、日本でも言及されることの多い「コミュニティ利益会社（CIC）」（二〇〇四年）という、それぞれ社会的企業のための特別な法人格が制度化されている。これは、社会的企業がこれまでにない新しい企業形態であり、そこで働くことが、これまでにない新しい働き方になることを、ヨーロッパ社会がいち早く認識していることを物語るものだろう。

2 アメリカの社会的企業

アメリカ的社会的企業の特徴

社会的企業を考えるときには、アメリカのものと、ヨーロッパのものを、いったん分けてみると理解しやすい。[*7] それは、社会的企業のタイプという意味で分ける場合もあるし、社会的企業に対する研究アプローチの違いとして分ける場合もある。

アメリカ的な社会的企業とは、社会的課題への取り組みに、ビジネスの手法を取り入れようとする試みを総称したものと言っていいだろう。すなわち、営利ビジネスが培ってきた合理的経営判断、市場調査やマーケティングの方法、情緒にとらわれない労務管理、法務・会計実務に専門家を雇用すること等々、こういったビジネス的な経営手法を、社会的課題への取り組みに積極的に導入することで、自立的で継続性のある社会的事業を営もうとするのが、アメリカに多い社会的企業の形である。

社会的企業を、社会的事業に対するビジネス的手法の積極的導入として捉えるのは、Ｇ・ディーズをはじめとする、アメリカのビジネス・スクールによく見られる傾向である。[*8] また、アメリカには、ヨーロッパのような、社会的企業に特有の法人格は設置されていないので、その多くはＮＰＯの形態を取っている。[*9] ただ従来のＮＰＯと比較すると、自らの事業収入をあげることに、より自覚的かつ積極的であり、そうした自主的財源による自立性を目指す傾向がはっきりと強いことから、従来のＮＰＯとは区別して、これを事業型ＮＰＯと表現することがある。[*10]

事業型ＮＰＯは剰余金、すなわち利潤をあげようとするから、これをNon Profit Organizationと呼ぶのは相応しくないとする見方もある。しかし、利潤をあげる目的は、あくまで第三者の恣意に左右されない経済的基盤を確保することにあるのであって、私的な利益分配を目的とするものではないから、Non Profit OrganizationではなくてもNot-for-Profit Organizationと呼ぶことはできるだろう。この意味でのＮＰＯを、事業型ＮＰＯとして考えるという見方もある。

さらに近年では、Ｌ３Ｃ（Low-profit Limited Liability Company、低営利株式会社）という営利型の企業形態を取るものもある。ここで言う営利とは、一定の条件の下で、出資者への配当が認められることを意味し、配当が許されないＮＰＯとはこの点で異なる。これは、一般の投資家からも広く資金を集める道を拓くことになるから、社会的企業の資金的基盤を強化するうえでは有利な企業形態と言えるかもしれない。ただし、その場合でも、社会的企業としての目的は、あくまで社会的課題の解決にあることが忘れられてはならない。このように、一定の配当を認める社会的企業は、イギリスのCICにも見られるが、これは社会的企業の営利化を即意味するものではなく、出資に伴う機会費用を、すなわち、社会的企業に出資することで失われる他の投資機会を、最低限補償するための措置として理解した方がいいだろう。*11

「行動」としての社会的企業

このようにアメリカの社会的企業は、ビジネス的な手法を、それには馴染まないとされてきたNPOや社会的事業に導入したことに、その基本的な特徴がある。それゆえに、アメリカの社会的企業は、組織形態としては、営利企業とほぼ同様のかたちを取るものが多い。すなわち、社会的企業の創始者でもあるトップ経営者がいて、その下に指揮命令系統があって、それに従う従業員がいる、という構図である。組織労働の対象が商品・サービス販売であれば通常の営利企業になり、その対象が社会的問題の解決にあれば社会的企業になる。思い切り単純化して言えば、そういうことになる。

したがって、アメリカの場合、その組織形態によって社会的企業が個性化されることはほとんどなく、その代わり、その企業に社会的企業としての生命を与えた人物、すなわち、社会起業家の存在に、いきおい関心が向けられるようになる。つまりアメリカでは、組織としての社会的「企業」よりも、行動としての社会的「起業」に重きが置かれる傾向がある。ここがヨーロッパの社会的企業との大きな違いになる。だから、アメリカの社会的企業はかならずと言ってよいほど、その創業者の人物像とともに語られるのである。

たとえば、マンハッタンで取り壊しの決まった古いホテルを買い取り、これをホームレス専用の一時住宅に変え、職業技能の習得と規則的な生活習慣の回復をはかりながら、社会復帰を促す事業を営む「コモン・グラウンド」の創始者ロザンヌ・ハガティ。あるいは、月曜日に赴任した新任教員が水曜日には辞めてしまうという教育困難小中学校に、ハーバード大学、エール大学、MITといった超一流大学の卒業生を、二年間の契約教員として派遣する事業を行い、全米はもとより、全世界に衝撃を与えた「ティーチ・フォア・アメリカ（TFA）」のウェンディ・コップ。さらには、ルワンダ紛争に巻き込まれ、親しい友人が敵味方に引き裂かれていく悲劇的な経験を元に、発展途上国における社会的事業への金融支援を行う「アキュメン財団」を創始したジャクリーン・ノボグラッツなど、あげ始めればきりがない。[*12]

コモン・グラウンドの成果は、ホームレス状態にある人々の社会復帰にとどまらず、周囲の治安改善にも現れた。それまで年二ケタにのぼっていた殺人事件数が、[*13]コモン・グラウンドの活動とともに年々減少し、今ではほぼゼロになったという。

TFAの成功は、アメリカの若者にとって、一つの事件とも言えるほどの衝撃をもたらした。何より、TFAへの就職を希望する大学生があとを絶たず、二〇一〇年の全米文系学生の就職希望ランキングでは、グーグル、アップル、ディズニーランドといった並みいる一流企業を抑えて第一位になっている。ハーバードやエールの卒業生であれば、それこそ、より取り見取りの就職ができただろうに、マイクロソフトやゴールドマンサックスの内定をもらっていた学生が、そこを蹴ってTFAに行ったという話もある。ついには、そうした大企業が二年間の猶予期間を与えて、TFAを終えてから着任することを認めるものまで現れたという。

TFAでの経験は、裕福な家庭に育った一流大学の学生たちの自負心を、おそらくはこっぱみじんに打ち砕いたに違いない。しかし、その現実に背を向けなかった彼ら・彼女らは、子どもたちとの触れ合いを通じて社会の現実を知り、やがて一回り深みのある自信を取り戻していったのだろう。それは彼ら・彼女らを確実に成長させ、また、そのような人材を得ることは、大企業にとってもありがたいことなのだった。一見、生き馬の目を抜くような、アグレッシブな人材ばかりを求めていそうなアメリカ企業が、本当は、人の苦しみや悲しみをわが事として理解できる人材を欲しがっているということ。日本の識者には、こうした事実にもう少し耳を傾けてほしいと思う。

社会的企業がアメリカで増えていった背景には、一九八〇年代のレーガン政権下で、福祉、教育関連予算が大幅に削減されたことが大きかったと言われる。そのため、福祉、教育に関する政府機能を、誰かが肩代わりする必要が生じたわけだが、そのためのNPO・NGOへの公的助成までも一緒に削減されるという矛盾に、アメリカ社会は直面したわけである。そのため多くのNPOが自らを事業化、場合によっては商業化することによって、公的助成に頼らない財政的な基盤を、自ら作らざるを得なくなった。アメリカにおいて、社会的企業が事業型NPOとして始められた背景には、このような事情もあったのである。

成果と課題

では、アメリカの社会的企業の成果と課題には、どのようなものがあるだろうか。まず何よりも、福祉・教育・環境・コミュニティ再建といった、従来からある社会的課題への取り組みに、コモン・グラウンドやTFAは画期的な手法を持ち込み、それによって、世界中が目を瞠る成果をあげたことは、紛れもない成果である。そして、世界中の人々が、社会的企業という新たな存在を、理念的な知識としてではなく、顔と名前を持つ現実的な存在として知ることができるようになった。

つまり、一言で言えば、社会的企業という存在を世界に知らしめた点において、アメリカの社会的企業の貢献はすこぶる大きかったと言えるだろう。社会的企業がときとして、ソーシャル・イノベーションやソーシャル・ビジネスと同義として語られるのも、このイメージがあるからだと言ってよい。

こうした特徴は、アメリカにありがちとされる、ヒーロー待望論に通じる側面があるとして批判されることもあるのだが、ヨーロッパのようなチャリティ組織やアソシエーションの伝統を持たない国や地域で、新たに社会的企業のような存在を出現させるとしたら、それは、どこかで、誰かが、一から始めるしかない。そうした人物がいなければ、社会的企業はけっして現れないのである。後に述べるように、日本は、相対的にはヨーロッパに近い形態を取るようになると思うけれども、ヨーロッパほどの共同性を期待しにくい日本のなかから社会的企業が現れてくるとすれば、そこには強い意志と柔軟な思考力を持った、社会起業家の存在がどうしても必要になると筆者は思う。

ただし、そこには成果とともに課題もある。ここではそれを三点に絞ることにしよう。第一の問題は、社会的企業と営利企業の同型性問題（isomorphism）と言われるものである。繰り返しになるけれども、社会的企業は自らの事業収入を追求する。そして、それによって、寄付や助成金にありがちな、出資者の都合（もっと言えば、気まぐれ）によって、財源が突如失われるような事態を避けようとする。もっとも、寄付文化が浸透しているアメリカの場合は、現在でも、寄付を主要財源とする社会的企業は多いように思われる。ＴＦＡや、アキュメンをはじめとする支援財団なども、その多くは、賛助会員の会費も含め、広義の寄付資金を基盤にしている。もちろん、彼らほどの知名度を持てば、もはや気まぐれな寄付の撤回を恐れる必要もないだろうが、ＴＦＡの創始者であるコップ氏の回想記などを読めば、ＴＦＡもはじめのうちは、派遣教員の給与を確保するために、コップ氏が、それこそ全米を駆けずり回って寄付金を集めていた様子が伺われる。[*14] 同様の苦労は、今もなお多くの社会起業家が味わっているはずで、安定した事業収入を確保する必要性は、こうした点からも痛感されることのはずである。

ところが、事業収入を価格を通じて得ようとすれば、価格負担に耐えられない利用者を、結果的に排除することになるかもしれない。しかもこの排除は、貧困や格差が蔓延している状況においては、露骨なかたちで現れる可能性がある。市場経済が本来持っている包摂的機能は、人々が最低限の所得を持っていることを前提に、はじめて機能するものである。したがって、市場に包摂的機能を発揮させるためには、最低限の所得を全員に保障する社会的制度が本当は必要なのである。[*15]

社会的企業が、自らの事業収入を、市場における価格（代価）から得ようとすると、もっとも社会的企業を必要としている人々、たとえばホームレスの状態にあって所得を得られないでいるような人々を、その対象から排除してしまうことになるかもしれない。しかしそれでは、元も子もないのであって、それではまるで、お金のない人は当社の製品を買うことはできませんという立場に立つ営利企業と、どこも変わらなくなってしまう。

このように、社会的企業が事業収入を重視するあまり、次第に営利企業と見分けがつかなくなる現象を、社会的企業と営利企業の同型性問題と表現する。*16 同型性問題は、アメリカに限らず、ヨーロッパの社会的企業も含めて、社会的企業にとってもっとも困難で本質的な問題である。ただ、アメリカでは、市場を通じた事業収入の割合が、ヨーロッパよりも大きいため、同型性問題もより顕著に現れる傾向がある。

第二の問題は、社会的企業と営利企業の競合性である。社会的企業は、NPOとして一定の公的助成や税制上の優遇措置を受けられることがある。そのうえで、社会的企業が供給する財やサービスが、一般の営利企業のものと、ときとして競合することがある。製品に競合性があるのに、いっぽうには優遇措置が取られ、他方にそれがないというのは競争上不公正であるとして、社会的企業が告訴されることが、アメリカではしばしば起こる。しかしその結果、助成金や税制優遇がなくされたら、社会的企業と営利企業との同型性は、ますます深刻化することになるだろう。同型性問題を回避しながら、いかにして市場本来の普遍性と包摂性を、社会的課題の取り組みに活かしていくか。これが、洋の東西を問わず、社会的企業に課せられた最大の課題になると言っていいだろう。

第三の問題は、先にも指摘した、アメリカの社会的企業は、企業組織の面では、一般の営利企業と基本的に変わらないことに由来するものである。これは、第一のものとはタイプの異なる、もう一つの同型性問題とも言える問題である。アメリカの社会的企業は、営利企業的なビジネスの手法を、NPO等の経営に積極的に導入しようとする。それが大きな成果を生み出していることは、先ほど来述べている通りだが、これは企業組織として見る限り、社会的企業と一般の営利企業とのあいだに、基本的に違いがないことを意味する。社会起業家がトップ経営者として、その個性を存分に発揮できるのも、この組織形態あってこその話である。

だが、社会的企業を必要としている人々、たとえば長期失業者や、ホームレス状態にまで追いつめられた人々のような、何らかの社会的不適応を来した人々が、その最初の不適応をどこで経験したかと言えば、その多くは、それまで働いていた職場、すなわち、企業組織のなかであったことを、わたしたちは軽視してはいけないだろう。もちろん、職場のあり方だけが社会的不適応の原因になるわけではないし、逆に職場の雰囲気に助けられて、不適応を起こさずに済んだという人もけっして少なくないだろう。

しかしもし、社会的企業を必要とする人々が、「職場」から現れているのだとしたら、社会的企業は、まず何よりも、従来の企業における「職場」のあり方を、もっと言えば、企業の組織構造を、まずは総点検しなければならないはずである。企業組織のどういうところに、それまで健康で元気だった人が耐えられなくほどの、身体的・精神的ストレスを与える原因が潜んでいるのか。そして企業組織のあり方をどのように改革すれば、そうしたストレスをなくすことができるのか。社会的企業は、こうした問題を、その直接の事業内容と併行して、常に考えていかなければならないはずである。それをせずに、社会的企業がなくそうとしている問題を、社会的企業自身が作り出すようなことがあったのでは、これはウロボロスの蛇にも似た、自縄自縛の罠に陥ることになるだろう。もし、社会的企業が、営利企業なみの成果を出そうとするあまり、効率優先の企業組織を自明視し、そこに胚胎しているかもしれない社会的排除の遠因を見逃すようなことがあれば、それはきわめて由々しき事態である。[*17] 社会的企業は、画期的な社会的事業を営むのと同時に、あるいは場合によってはそれ以上に、画期的な「職場」の創造、すなわち、画期的な企業組織の創造に取り組む必要があるのである。

3 ヨーロッパの社会的企業

ヨーロッパ的社会的企業の特徴

ヨーロッパの社会的企業は、アメリカよりもはるかに古い起源を持っている。すなわち、一九世紀の半ば頃から活発になる友愛組合、チャリティ組織、協同組合といった、主として労働者による互助的な組織や、教会を中心とする救貧活動の伝統が、現在の社会的企業の歴史的な起源にある。こうした互助的な組織あるいは運動を緩く総称して、アソシエーションと表現することもある。第3章で見た株式会社の起源、すなわち、キリスト教社会主義によって唱えられた有限責任・小口出資のアイデアも、アソシエーションと同根の思想として捉えることができる。

ヨーロッパの社会的企業の大きな特徴は、失業、貧困、犯罪といった問題を個別単発の現象として捉えるのではなく、コミュニティ機能の喪失も含めた、社会的排除現象の一環として捉えようとする点にある。ここで社会的排除とは、民族、宗教、階級などを理由とする社会的差別のことだけを言うものではない。たとえば、資本主義的な市場経済の下で、エミュレーションに追いつけなくなった企業は、やがて倒産なり吸収なりに追い込まれるだろう。その結果失業した人々が、短期間で別の働き口を見つけられればよいが、身につけてきた技能がすでに古く、かといって新たな技能を身につける場所も機会もないままに、長期にわたって失業状態に留め置かれることになれば、これは本人の意思で社会から離れて行ったのではない以上、一種の社会的排除現象として捉える必要が出てくる。

あるいは、失業はしないまでも、生産費の高騰などから生活必需財の価格が上がり、その結果、必要な生活用品を買えない人々が現れたりしたら、これも市場メカニズムによる一種の社会的排除である。所得格差を放置したままの市場経済は、市場が正常に機能しただけで、社会的排除をもたらすことがあるのである。

したがって、こうした事象を問題視する社会的企業は、社会的排除の解消を共通の目的にするようになる。目の前の失業者を再就職させること、ホームレスの人に住宅を提供することといった、個別事象の解決を本業としながらも、その大元にある、社会的排除に対抗する存在として、自らの役割を考えるようになる。社会的企業の存在理由を、社会的弱者の救済と言うよりも、社会的包摂の促進として、意味づけるようになるのである。こうした思想の系譜を共有することが、ヨーロッパの社会的企業の、第一の特徴と言っていいだろう。

第二の特徴として、ヨーロッパの社会的企業は、アメリカの社会的企業に比べて、発起者すなわち社会起業家の強力なリーダーシップよりも、組織単位での意思決定のあり方を重視する傾向がある。これは、先にアメリカの社会的企業の問題点として指摘した事柄と対比すべき部分になる。ヨーロッパの社会的企業は、社会的排除が多くの場合、企業の労働現場、すなわち、「職場」において起こることに、非常に敏感である。

職場で何かがあって、職を去る人が現れる。それがキャリア・アップのための転職なら問題なかろうが、何かのトラブルがあって自信をなくし、同僚を信頼する気持ちすら持てなくなって、職場を去っていく人がいる。このようなとき、その人は自分のことを、何か別の可能性を持った人間として、肯定的に受け止めることはなかなかできないだろう。それどころか、自分には社会に参加する能力が、あるいはその資質そのものが、そもそも欠けていたのではないかと思い込むことすらあるだろう。その結果、再就職の機会も自ら逃し、気がつけば、貧困のすぐ手前にまで近づいている。こうしたとき、世間の人は、それは自己責任の結果であると言うだろう。自分から辞めて、自分で貧しくなって行ったのなら、それはすべて自分の責任であると。会社でいやなことの一つや二つくらい、誰だって経験するのだ。それを受け流すことができるようになってはじめて、一人前の社会人にになったと言えるのだ。そこを自分から逃げておいて、社会的排除も何も、あったものではないと。

会社の側にも同僚の側にも、それ相応の言い分はあるだろう。それが当たっている場合も、もちろんあるだろう。だがそれでも、人はそれぞれの生き方を選ぶ権利が、本来あるはずなのである。

上意下達の関係に馴染めず、お世辞、お愛想などは死んでも言えないという人だっているわけである。そういう人は、はじめから企業になど、勤めなければよいというのも至極もっともな話だが、だからといって、独立して自由業というわけにもなかなかいかない。どういう職種を選ぶにせよ、人は何らかの組織に所属するか、少なくとも他人との関係を持って、仕事をする他ないのである。

したがって、社会的企業が企業組織のあり方を考えるべきだと言っても、それは、いっさいの不適応者を出さないような、万能の組織形態を考え出すということではない。そうではなくて、世の中にはいろいろな人がいて、いろいろな社会参加の仕方を求めているのだから、それに応じて、いろいろなタイプの組織がありうることを、実践的に示すことが必要なのだ。ビジネスの手法を取り入れた福祉経営もその一つであり、と同時に、それがすべてではないことを示すことも必要なのである。なかには、ビジネス型企業にありがちな、明確な指揮命令系統を敢えて否定して、何ごともすべて全員の話し合いによって決めるという企業もあっていいだろう。確かに、そうした企業が事業収入だけで存続していくことは難しいかもしれないから、その場合には別の資金源を探さなくてはならないだろう。そうしたこともすべて含めて新機軸を打ち出していくことが、ソーシャル・イノベーションとしての社会的企業には求められるのである。

ヨーロッパの社会的企業は、こうした企業組織の多様化を試みることで、排除性の少ない意思決定を行っていくことに、かなりの程度、自覚的であるように思われる。ヨーロッパの社会的企業が、行動としての社会「起業」よりも、組織としての社会的『企業』を重視する理由はここにあると言っていいだろう。

「組織」としての社会的企業

ヨーロッパの社会的企業については、EMES(L' Emergence Des Enterprises Sociales)ネットワークによる研究がよく知られている。これは欧州委員会の支援を受けて開始された国際的な研究者グループで、C・ボルザガ、M・ニッセンス、J・ドゥフルニらを中心に、ヨーロッパの社会的企業に関する理論的並びに実証的な研究をリードしている。[*18] 彼らによると、ヨーロッパにおける社会的企業は、基本的に次のような基準を満たすものとされる。[*19]

[経済的・企業家的基準]

一. 財・サービスの生産・供給の継続的活動
二. 高度の自律性
三. 経済的リスクの高さ
四. 最小量の有償労働

[社会的基準]

一. コミュニティへの貢献という明確な目的
二. 市民グループが設立する組織
三. 資本所有に基づかない意思決定
四. 活動によって影響を受ける人々による参加(マルチステークホルダー方式)

五．利潤分配の制限

経済的・企業家的基準というのは、主として社会的企業の活動の仕方を整理したもので、一言で言えば、社会的企業が一般の営利企業と、基本的には変わらない事業スタイルを取ることを明言したものと言える。これに対して社会的基準とされるものは、社会的企業の組織としての特徴により踏み込んだものになっている。

まず第一に、ヨーロッパの社会的企業は、コミュニティとの関わりを明確に意識する必要がある。この点は、不特定多数の利用者に対する、市場を通じた財・サービスの供給を主眼とするアメリカの社会的企業との大きな違いになっている。ただし、だからと言って市場供給を否定しているわけではない。地域コミュニティのニーズに応える財・サービスを市場を通じて、したがって、一定の競争環境の下で供給するのが、社会的企業である。

第二に、社会的企業は市民によって設立される民間企業であって、公的団体として設置されるものではない。また、営利企業が子会社として設置するものも、形式的には市民設置と言えなくはないものの、ここでの趣旨に沿うものではない。あくまで、地域に住む一市民あるいは市民グループによって、自発的に始められたものを社会的企業というのである。

第三に、社会的企業の意思決定は、基本的に合議制において行われるが、そこでの発言権が、出資額に応じて左右されるものであってはならない。すなわち、株式会社のように、出資額＝持ち株数によって議決権の大小が定まるようなことがあってはならず、意思決定においては出資額の大小、あるいは出資の有無にかかわらず、一人一票の権利を持つ。

第四に、社会的企業の意思決定には、経営者、従業員のみならず、たとえば近隣の地域住民なども参加させることが望ましい。なぜなら、ある企業がそこで活動しているというだけで、近隣住民は直接間接さまざまな影響を受けるからである。これは、有害廃棄物などを排出している場合などに限定されるものではない。社会的企業が、社会的排除を受けがちな人々を積極的に雇用しようとすれば、そのなかにはたとえば、元受刑者のような人も入ってくる。イギリスで今もっとも人気がある、アトラクション志向の植物園「エデン・プロジェクト」では、元受刑者の人々が大勢働いている。

そうした人々への偏見や誤解を解くためにも、社会的企業は単に地域住民への説明を行うだけでなく、地域住民が意思決定に直接参加できる機会を設け、そこで十分に議論をして、企業としての活動方針を決めていくことが望ましい。こうしたマルチステークホルダー方式を、実際に機能させている社会的企業はまだ少ないように思われるが、これは、社会的包摂を旨とするヨーロッパの社会的企業にとっては、一つの試金石になる条件と言ってもいいだろう。

第五は、アメリカのNPOとも共通する、非営利事業体としての基本条件と言っていいものである。ただしNPOとは違い、ヨーロッパの社会的企業では、配当をいっさい禁じることはしていない。これは、生活協同組合を母体とするものが多いことにも一部由来する。利潤分配はいずれも低い水準に制限され、これに違反すれば社会的企業としての資格を失い、営利企業と同様の税率を適用されることになる。また、イギリスでは、これに類する条件として、社会的企業が解散する場合も、それが有する資産の、関係者への分配を禁じている。これは、社会的企業への税率が低いことを利用して資産価値を高め、これを計画的に解散して資産収入を得ようとした団体が、少なからず存在したことから取られた措置で、アセットロックなどとも言われている。

このように、ヨーロッパの社会的企業は、アメリカの社会的企業と、多くの点で共通しながらも、ヨーロッパならではの要素も多分に持つ存在である。その違いはやはり、両者の歴史的背景、歴史的出自の違いに依るところが大きい。先ほども触れたように、ヨーロッパの社会的企業は、一九世紀の資本主義経済の進展とともに、市場経済から排除されていった失業者、貧困者、障がい者等の救済をはかる連帯経済思想にその端緒を持つものである。もちろん、それがそのまま、現在の社会的企業を生み出したわけではなく、直接の由来は、二〇世紀後半における福祉国家の変容にあるだろう。一九七〇年代に入り、低成長経済が世界の基調となるなかで、それまでの大きな政府を支えてきた租税構造は、もはや維持できないものになった。福祉国家と社会保障の見直しは、新自由主義政権の有無に関わりなく、どの国にとっても避けて通ることのできない、歴史的課題であったと言っていいだろう。

これは、福祉、教育、環境に対する予算の絶対規模が縮小したことを、かならずしも意味するものではない。そうではなく、政策メニューがますます多様化し、細分化されていくなかで、個々の政策に投じられる予算や人員の密度が薄くなり、それが、さまざまな問題や不備となって、その限界を見せるようになったのである。また、そもそも公共政策というものは、国民・住民全般を対象とする、同一サービスの大量一括供給には向いているものの、個々のニーズに合わせた個別サービスの供給には向いていない。それこそ正しく、民間企業が対応すべき領域と言えるのだが、利潤を期待できないこうした分野に、ただでさえ低成長期の危機感を抱えた営利企業が興味を示すはずもなかった。

こうして、民間企業を中心とする市場部門（ファーストセクター）からも、政府を中心とする公共部門（セカンドセクター）からも、どちらからも排除され、取り残された一大領域が現れた。これが今日、サードセクターと呼ばれる領域である。[*20] NPO、NGO、市民運動といった活動主体は、このサードセクターにおける各種の細かなニーズに応えようとして現れたものだった。それは市民の自発的な活動であったにもかかわらず、ややもすると、政府機能を補完する活動のように認識される傾向があった。それが二一世紀に入り、サードセクターが独自の社会領域をなし、それ固有の社会的ニーズを持つ領域であることが認識されてくるに従い、サードセクターに独自の政治・経済理論と、サードセクターに独自の活動主体が求められるようになった。

社会的企業は、このサードセクターを担う、主役的な存在になることが期待されている。[*21] これまでであれば、公共部門が担うものと考えられそうなミッションを、公共企業体としてではなく、市場部門と同等の民間企業体の立場で担おうとするのが社会的企業である。これは確かに、歴史的に見てもまったく新しい現象である。その分、社会の側にそれを受け入れるだけの準備ができておらず、懐疑的な印象を聞かされることもしばしばあるが、しかしすでに、目の前に実体として現れているという事実は否定のしようがない。社会と経済のあり方が大きく変わろうとするとき、理論や認識はその変化についていくことができない。社会的企業も同様で、これは明らかに、現実が認識よりも先行するかたちで現れている。社会科学はその新しい現実についていけるのか。今試されているのは、学問の方なのである。

成果と課題

それでは、ヨーロッパの社会的企業の成果と問題点について整理しておこう。これまで述べてきたように、ヨーロッパの社会的企業は、長期失業者、障がい者、元受刑者、少数民族といった社会的に排除されやすい人々に、仕事と居場所を提供することを主な仕事にしている。一言で言えば、社会的包摂のための支援を行うことが、ヨーロッパの社会的企業におおむね共通する特徴であると言ってよい。このような社会的企業を、ＷＩＳＥと呼ぶこともすでに確認した。ヨーロッパの社会的企業においては、このＷＩＳＥが検討の中心になる。

日本では、ＷＩＳＥという言葉はまだほとんど流通していないと言っていいが、ホームレスの人々に職業復帰の機会を提供しようとする「ビッグイシュー・ジャパン」や、次節で取り上げる、「認定ＮＰＯ法人Homedoor」などは、日本におけるＷＩＳＥの先駆けと言っていい存在である。[*22]

ヨーロッパでは、国ごとにその取り組み方は異なるものの、ＷＩＳＥは大きな成果をあげている。ただし、アメリカの社会起業家のような、それぞれのＷＩＳＥを象徴するカリスマ的な人物が特にいるわけではない。その分、アメリカに比べると、どこか地味な印象があることは否めないが、ヨーロッパの社会的企業はその本質として、創業者の革新的アイデアによって率いられるのではなく、組織としての全体的な取り組みを通じて、その成果をあげている点に、第一の特徴を見出すことができるだろう。

ヨーロッパの社会的企業の第二の特徴として、事業収入を財・サービスの価格から得ることもさることながら、国や自治体からの業務委託を獲得することで、収入基盤を安定させることに成功している企業が多いことがあげられる。これは、アメリカの社会的企業における同型性問題への一つの回答にもなるものであって、業務委託を受けることができれば、高い代金の支払い能力を持たない人々の社会的排除を、極力抑えることができるようになる。また、これは国や自治体が行う仕事を、社会的企業が代わりに担うかたちになるから、アメリカの問題点にあったような、政府や民間企業との競合も、基本的に避けることができる。サードセクターとして独自の位置づけを得たことの、一つのメリットがここにある。

ただし、これは一歩間違えると両刃の剣にもなりうる。ここに、ヨーロッパの社会的企業の第一の問題点がある。すなわち、国からの委託業務は、一つの政権が続いているあいだは財源的にも安定しうるが、政権が交代し、政策の方針が大きく変えられると、その主要財源をいきなり失うことにもなりかねない。委託業務は、補助金や助成金に比べれば、安定性が高いとはいえ、現にイギリスにおいては、ブレア首相の労働党政権から、キャメロン首相の保守党・自民党連立政権に交代するや、委託事業の内容が大きく見直され、その結果、多くのWISEがその基盤を失う羽目に陥った。[*23] また、国からの委託事業にあまりに多く依存することは、社会的企業全体を、国や自治体の肩代わり役に変えてしまう危険性もある。社会的企業が自主的な事業収入を求めたのは、そうした制約から脱するためであったことを思えば、これは軽視できる問題とは言えないだろう。

第二の問題点は、現実問題として、ＥＭＥＳネットワークの言う条件を、すべて満たすことのできる社会的企業は、いまだごく少数にとどまるということがある。特に、マルチステークホルダーの条件は、社会的企業の要になる条件と言っていいものだが、これを本格的に実施すれば、企業の意思決定に相応の遅滞が生じることは避けられない。それが、自社の存続にとって危機的な事態を招くことにでもなれば、これを放棄したいと考える社会的企業が増え、民間企業と同じ企業組織に戻って行ってしまうかもしれない。これは別種の同型性問題とも言うべき重要な問題になるだろう。

その他、本書では詳論を避けるが、社会的企業としての成果をどのように測定し、どのように公表していくかという問題もある。社会的企業としての会計と監査に関する問題である。この点をないがしろにしたのでは、社会的企業に対する社会的信用はけっして向上しないし、社会全体からの出資を募ることもできないだろう。社会的企業の評価については、ＳＲＯＩ、ＳＡＡといった先駆的な指標が開発され、すでに実用化もされているが、その精度を高めていく研究は今後さらに進められる必要があるだろう[*24]。

以上のように、社会的企業をアメリカのものと、ヨーロッパのものに分け、その相互の特徴と問題点を比較しながら、社会的企業の本質に近づいていこうとするのは、基本的に有効な方法だと思われる。それでは、日本については、どうだろうか。日本には社会的企業と言える存在がいるのだろうか。もしいるとしたら、それはアメリカ的なものだろうか、それとも、ヨーロッパ的なものだろうか。それは、現在どのような問題に取り組み、どのような成果をあげているのだろうか。そして、それはわたしたちにとって、新しい「働き方」を意味するものになるのだろうか。ここで節を改めて、検討してみることにしよう。

4　日本の社会的企業

ハイブリット型の独自の試み

日本にもすでに、じつは数多くの社会的企業が存在する。日本の社会的企業は、歴史的にはまだ浅く、日本にのみ特徴的と言えるような個性を形成するには至っていない。ただ少なくとも、日本の社会的企業を、アメリカ、ヨーロッパのどちらかのタイプに、きれいに分類することはできないと思う。

現状では、若い社会起業家が企業全体をリードするかたちのものが多く、それだけ起業家の名前が前面に出ることも多いから、その点ではアメリカに近いものを思わせるが、（筆者が実際に訪問した限りでも）日本の社会起業家は、組織の風通しをよくすることをごく自然に心得ていて、上意下達の指揮系統にこだわるような雰囲気は感じられない。むしろ、そこで働いている人たちには、そこに自分の「居場所」を確信している様子がうかがわれ、そのようにして、お互いにお互いを「承認」し合っている様子もよく伝わってくる。これなどはむしろ、ヨーロッパの社会的企業が目指すところの風景と言っていいだろう。

つまりは、いい意味で、アメリカとヨーロッパの混淆（ハイブリッド）がなされているのが、日本の社会的企業の姿であり、それだけ、日本には社会的企業を実践しやすい下地があると言っていいように思うのである。

日本にはどのぐらいの数の社会的企業が存在するのだろうか。内閣府の委託による調査によれば、二〇一四年時点で、日本の社会的企業は、企業数約二〇万五千社、付加価値額一六兆円（対GDP比約三・三％）、有給職員数五七七万六千人と推計している。[*25]

これは一つの調査結果にすぎないが、日本の社会的企業がすでに、無視できる存在でなくなっていることだけは確かと言っていいだろう。もっとも、社会的企業は、場所により、ミッションにより、その性格をまったく異にするものだから、全体的な傾向の把握を急ぐよりも、その個々の営みが示唆するところの意味合いを、じっくり考えることの方が重要と言えるかもしれない。

二つの事例から

そこで、ここでは、二つの社会的企業（と筆者が理解しているもの）を取り上げ、その具体的な活動内容を紹介してみることにしよう。

第一に取り上げたいのは、大阪にある「認定NPO法人Homedoor」である（以下では、ホームドアと記す）。ここは、ホームレス状態にある人たちに就業経験を持ってもらい、それを契機に再就職を促すことで、社会復帰への橋渡しを行おうとする社会的企業である。先の言葉で言えば、日本におけるWISEと言っていい存在である。

ホームドアが発行している『年次報告書』[*26]などによれば、創立者の川口加奈氏は、まだ中学生であった一四歳のときに、通学途上で目にするホームレスの人々に疑問と関心を持ち、炊出しに参加したり、校内新聞を発行したりして、ホームレス問題への関心を深めていったという。ただ、周囲の反応はけっして大きなものではなく、満たされない気持ちを抱くなか、二つの大きな出来事に出会ったという。

一つは、高校生によるホームレス襲撃事件である。これは、マスコミでも大きく取り上げられ、ホームレス問題への社会的関心を喚起したが、これに類する事件が、全国各地で続発するようになったことは、読者も記憶していることだろう。自分と同じ年頃の中学生が、なぜ、そのようなことをするのか。なぜ、そのようなことができるのか。川口氏は、この事件をショックとともに、わがこととして受け止めたという。

もう一つは、アメリカで行われたワークショップに参加したことだったという。当時(一九九〇、二〇〇〇年代)のアメリカは、社会的企業の隆盛期でもあった。そこで川口氏は、社会的問題の解決を行政に俟つだけでなく、市民が個人の資格において自ら取り組む様子を、しかもそれが、彼女といくつも違わない若い人々によって担われていることを知って驚いたという。この経験が大きな転機となって、川口氏は二〇一〇年に「Homedoor」を立ち上げ、以後、画期的なホームレス支援事業を次々に打ち出していく。

その代表的な事業の一つが、HUBchariという、乗り捨てレンタサイクル事業である。大阪市内に八か所、店舗や公共機関の「軒先」を借りてレンタサイクル・ステーションを設置し、時間決めで自転車を貸し出す。自転車は、必ずしも借りた場所に戻さなくてもよく、他のステーションに乗り捨てていくことができる。これじたいは、観光地などでよく見かける風景だが、ホームドアは、この事業のほとんどすべてを、すなわち、レンタル用自転車の準備、整備、貸出手続きから料金回収までのすべてを、ホームレスの人々を雇用して行っている。もちろん彼らには給与が支払われる。けっして大金を稼げる仕事ではないけれど、そこで就業感覚を取り戻したことがきっかけになって、ホームレス状態を脱する意思を持てるようになる。ホームドアは、二〇一六年時点でのべ一六〇人の人を雇用し、そのうち五五パーセントの人が再就職を果たしたという。*27

なぜ、レンタサイクルなのか。ホームレス状態にある人々の、主たる収入源は廃品回収である。彼らは、夜中のうちに街中に捨てられている空き缶や段ボールを集め、これを廃品業者に持っていく。そうすると、アルミ缶一kg当たり八〇～一三〇円程度、段ボールだとキロ当たり八～一〇円の収入になるという。これで一日平均八〇〇～一〇〇〇円程度の収入を得るのが、ホームレス状態にある人々の、大きな収入源なのである。空き缶や段ボールは、夜中でないと集められないから、彼らは昼間は休んで眠る必要がある。夜働いているから、昼間休むのである。だから、昼間の彼らしか見ることのない世間の人々は、彼ら・彼女らが何もせずに昼間から寝ているものと思い込む。しかし、それは大きな誤解であることを、わたしたちは知る必要があるのである。

彼ら・彼女らは、廃品を自転車に積んで運んでいく。自転車は、彼らにとって、生活必需品なのである。しかし、多少どこかが故障したからといって、自転車屋に修理を頼むような余裕はない。そこで、彼らは自分で修理することを覚えていく。一台の自転車を何年も、何回も修理して使い込んでいく。気がつけば、彼ら・彼女らの一人ひとりが、ちょっとしたプロ並みの技術を身につけるようになっている。大抵の故障は自分で修理できてしまい、見た目が汚れているだけの放置自転車を新品同様に磨き上げることなど、朝飯前の仕事になる。

川口氏は、このような事実があることを、日頃ホームレスの人々と接する中で偶然耳にし、ここに一つの突破口があることを、瞬時に察知したのである。そこで、放置・廃棄自転車を、料金を取って貸し出せるレベルにまで修繕し、帰ってきた自転車の清掃・整備もホームレスの人々に委ねるかたちで、レンタサイクル事業を開始した。彼らには、それだけの技量が十分にあったのである。ホームドアは、寄付や助成金も受けつつ、事業収入が全収入の五〇パーセント以上を占めるようになり、しかも年々繰越金を増加させるに至っている。[*28]

次に取り上げたいのは、北海道を拠点とする、「NPO法人北海道グリーンファンド」（以下、HGFと略称する）である。ここは、日本ではじめて、市民出資による風力発電事業を成功させた事業体として、すでに広くその名が知られている。市民発電事業というと、ドイツのシェーナウ電力会社が世界的に有名だが、HGFの場合は、事業内容もさることながら、その活動資金の獲得方法に注目すべきものを持っている。[*29] この方法は、これからの社会的企業において、広く応用できる可能性を持つものと思う。

HGFの前身は、北海道の「生活クラブ生協」である。ホームドアは、個人の起業による事業という点でアメリカの社会的企業に近いが、HGFの場合は、生活協同組合を母体にしているという点で、ヨーロッパの社会的企業に近いと言えるかもしれない。

生活クラブ生協は、長年、安全な食材の共同購入を行っていた。HGFの設立者鈴木亨氏もその職員の一人であったわけだが、一九九六年に改正電気事業法が施行されたことや、一九九七年に温暖化防止京都会議（COP3）が開かれたことなどを契機に、生活クラブ生協では、食に加え、エネルギーのあり方についても、深く考えるようになったという。

なぜと言って、「食」と「エネルギー」は、人間の生活の基本だからである。そして安全な「食」の共同購入が可能なら、安全な「エネルギー」の共同購入も可能なのではないか。鈴木氏は、この一種素朴ともいえるひらめきを梃子に、これを日本で初の、市民風車発電事業にまで結実させていったのである。

その詳細な経緯は割愛するが、わたしたちが興味深く思うのは、その活動資金の獲得方法である。電力事業は、たとえ地域単位の比較的小規模のものであっても、他の社会的事業に比べれば、桁の違う億単位の金額が必要になる。HGFはいったいどのようにして、それだけの資金を集めることができたのだろうか。

まず、自然エネルギー普及のための基金を作るために、HGFは、グリーン電気料金制度という独自の方法を編み出した。[*30] これは、通常の電気料金に定率五パーセントの金額を上乗せし、これを市民発電のための運営基金（グリーンファンド）にあてるというものである。

すなわち、市民発電事業に賛同し、この制度に登録した個人や家庭の電気料金については、電力会社から請け負うかたちで、HGFが料金の請求と徴収を行うのである。請求料金には、通常の電気料金に加えて、その五パーセントにあたるグリーンファンドが含まれている。HGFは、電気料金分を電力会社に支払い、残りの分、すなわち五パーセントのグリーンファンド部分を、市民発電事業の基金に充てるのである。

この五パーセント部分は、市民風車発電事業に対する寄付と考えてよいわけだが、この程度であれば、少し節電を心がけるだけでも、十分に捻出できる。むしろこれをきっかけに、無駄な電気を使っていないかどうかと、日々の生活を見直すようになることも、この事業の目的の一つだと鈴木氏は言う。たとえば、テレビを待機状態にしているときと、実際にテレビを見ているときとで、電力消費量がどれだけ違うかというと、じつはそれほど違わないという。あの待機状態というのは、意外なほど電力を消費しているのであって、こうした辺りに少し気を配るだけでも、五パーセント程度の電気料金はすぐに捻出できる。じっさい、これに加入した家庭では、前年に比べ六・六パーセントの節電に成功したという。*31

さてしかし、市民発電のための風車を建設するとなれば、さらに多くの資金が必要になる。最低でも億単位にのぼる資金を、営利を目的としない事業体で、どのようにして集めることができるのか。これに関しても、HGFはじつにユニークな方法を活用した。匿名組合出資と呼ばれる方法である。

匿名組合出資は、商法に規定される出資形態で、一口一〇万円から五〇万円程度の小口出資を原則とする。「組合」といってもそれじたいが法人格を持つことはなく、出資者は営業者と個別に契約を結ぶ。したがって、出資者の数だけ契約が結ばれることになる。「匿名」とはやや奇異な印象を受けるが、これは元々中世ヨーロッパにその起源を持つほどの古い歴史があり、当時、貴族や聖職者がこれに加わり利益分配を受ける際、その立場上、名前が公になるのを嫌ったことから、「匿名」という制度が考案されたものだという。

ただ、今日における「匿名」の意味は、名前が出ては困るという意味ではもちろんなく、匿名組合員の出資金は営業者の財産として扱われるため、出資者はこれに対するいっさいの権利義務関係を失い、したがって、営業者が行う取引等において、何らかの権利や負債の波及が生じることもない。その意味で、出資者の「名前」が出ることがないことから「匿名」と言われている。この投資方法は、船舶や航空機のリース、あるいは映画製作などではよく使われるが、これを社会的事業に応用しようというのは、確かに前代未聞のことであったと言ってよい。

匿名組合出資は、有限責任である。ただし、上述したように、出資者は出資金が営業者の財産になることを承諾しており、株式会社のように、自己の資本の運用を会社に委託するというものではないので、匿名組合出資の出資者には、株主のような議決権はない。したがって、匿名組合出資者がどれだけ増えても、事業の意思決定は、あくまで事業者・営業者だけで行うことができる。つまり、意思決定の複雑化や遅滞を避けることができるわけである。

これは、出資に基づかない意思決定という点で、先のＥＭＥＳの条件に適うものであり、同時に、株式会社との同型化を回避する一つの有効な方法になると言っていいだろう。また、匿名組合出資に対しては、利益のうち配当に回した部分については、課税の対象にならない。これをパススルー課税と言うが、これなども社会的企業にとっては有利な条件になると言っていいだろう。

ただし、出資と意思決定を切り離せることが、意思決定の過度な集中をもたらしたり、マルチステークホルダーの否定につながるようなことになれば、それは社会的企業の原則から離れてしまうことになる。意思決定の複雑化や遅滞を招くことなく、マルチステークホルダーの原則（もしくは理想）をいかにして実現していくかは、社会的企業のすべてが抱える、今後の大きな課題になるだろう。この点で、匿名組合出資とはまた別の、有限責任組合（Limited Liability Partnership）という形態は、出資者の有限責任制の下で、意思決定については合議制を取っている。これもパススルー課税の適用を受けられるので、社会的企業の企業形態（あるいは投資方法）として、匿名組合出資と同様、一つの可能性を予感させるものと言っていいだろう。

匿名組合出資者は、利益分配を受ける権利を有する。グリーンファンドのような寄付行為とは異なり、不特定多数の一般市民から広く資金を集める場合には、当該プロジェクトへの賛同を求めつつも、他の投資機会との比較に耐えられるだけの条件を備えていくこともまた、必要になるだろう。しかし、NPO法人は、利益分配を前提に出資を募ることはできないので、HGFは、HGF本体とは別に、「株式会社浜頓別市民風力発電」を設立した。これを市民発電の事業主体にし、HGFがその筆頭株主になることで、実質的な経営権を維持しながら、配当可能な事業形態を取っている。こうすることで、事業経営に直接携わることはなくても、一般市民が出資というかたちを通じて、市民発電事業に参加できる機会を設けたわけである。浜頓別の市民風車は、こうした匿名組合出資によって総事業費の約八〇パーセントを市民出資で賄ったという。*32

最初の市民風車は「はまかぜちゃん」と名づけられ、二〇〇一年に運転を開始した。二〇〇二年度には、約二五二万kWh（約九〇〇世帯分）の発電に成功し、その後、北海道内だけで三基の市民風車を建て、これに賛同する市民が全国各地に現れたことから、青森県から千葉県に至るまで市民風車発電事業が広がり、ＨＧＦは現在その指導にもあたっている。[*33] 周知の通り、風力、太陽光、地熱等の新エネルギーが発電全体に占める割合は、ドイツの約一三パーセント、イギリスの約一一パーセントに対して、日本は約三〜四パーセントである（二〇一四年の数値）。[*34] 風力発電は、低周波等の問題があるから場所を選ぶことは確かだとしても、海に囲まれた日本列島の場合、洋上発電を本格化させれば、相当の電気エネルギーを得ることができるはずである。環境に配慮したエネルギー事業の開発は、就労支援事業とはまた別個の、重要な社会的ミッションである。ここに地域主導のかたちで先鞭をつけたＨＧＦの実践は、これからの日本の社会的企業にとって、大きな刺激と励ましを与えるものになるだろう。

全体に占める割合が三〜四パーセントというのは、先にあげた、ＧＤＰに占める社会的企業の付加価値生産額の割合と、ちょうど符合する数値である。この三〜四パーセントという大きさを、「無視しても構わない程度」として捉えるか、それとも、「もはや無視できない程度」として捉えるか。これは、日本社会の意欲と覚悟が試される選択になると言えるかもしれない。

＊1　もちろん、これを理由に、職業が持てるようになる以前から、生活保護や社会保障を抑制しようとするのは、本末転倒の誤謬である。所得の補助にせよ、現物サービスの給付にせよ、それらは、障がい者がじっさいに職業に就き、本当に必要がなくなるのに応じて、減額・縮小するのでなければならない。

＊2　事業部制とは、現代企業ではごく一般的なものだが、企画開発、販売、経理といった基本的な業務を、企画開発部、営業部、経理部というように各事業部に分け、基本的に各事業部単位で業務を処理していく体制を言う。事

業部制をとらずに、すべての意思決定を社長一人で行おうとすれば、管理能力の限界などから、会社の事業規模におのずと制約がかかるだろう。個人企業をはじめとする古典的な企業が、収穫逓減を示した基本的な理由も、この管理能力の限界にあったと言われている。事業部制の導入は、企業の規模制約を克服するうえで、画期的な第一歩だった。事業部制の歴史的意義をめぐっては、A・D・チャンドラー『経営者の時代』、O・E・ウィリアムソン『市場と企業組織』などを参照。

*3 もちろん、NPOは利益をあげても、それを株式配当のようなかたちで、私的所得のために分配することはできない。非営利か否かは、利益（剰余金）をあげているか否かではなく、この私的分配の有無で分けられる。社会的企業には、特に日本やアメリカにおいては株式会社形態のものも含まれるので、この点、必ずしも厳密にはならないが、NPO法人の形態を取るものについては、この意味での非営利性は守られなければならない。ただいずれにしても、その法人形態に限らず、社会的企業の原則は非営利性にあると考えていいだろう。

*4 NPO法人ぱれっとについては、谷口奈保子・編著『福祉に、発想の転換を！——NPO法人ぱれっとの挑戦』、日本理化学工業（株）については、坂本光司『日本でいちばん大切にしたい会社』参照。また、NPO法人コミュニティシンクタンクあうるず編『ソーシャルファーム』も参照。

*5 NPO法人グリーンバレーについては、篠原匡『神山プロジェクト』、studio-Lについては、山崎亮『コミュニティデザイン』参照。

*6 これについて詳しくは、『社会的企業とは何か——イギリスにおけるサード・セクター組織の新潮流』を参照。

*7 原田晃樹・藤井敦史・松井真理子『NPO再構築への道』、第五章。藤井敦史・原田晃樹・大高研道・編著『闘う社会的企業』第一、二、三章などを参照。

*8 『闘う社会的企業』第一、二章参照。

*9 というよりも、個人主義的な傾向の強いアメリカ資本主義においても、ヨーロッパとは異なる仕方で、社会的企業に相当する事業が以前から営まれており、そうした事業を、社会的企業という言葉がなかった頃からNPOと表現してきたと考える方が自然だろう。

*10 事業型NPOとしての社会的企業については、谷本寛治・編著『ソーシャル・エンタープライズ——社会的企業の台頭』に詳しい。

*11 もとより、低配当に限定されるからには、これだけで同じ資金を純粋な営利企業に投じた場合も含めた機会費用が補償されるわけではない。しかし、社会的企業への出資は、そもそも社会的ミッションへの共感から始まるものであり、その意味で市場がはじめから区別されているから、低配当をもって機会費用の補償が不十分だと見做

す必要はない。ただし、低配当のなかでも、さらに若干の高低差は出てくるだろう。それが社会的企業のあいだに一定の競争意識をもたらすのはよいとしても、その若干の配当差が出資判断の決め手にまでなってしまうと、社会的企業への評価のあり方として問題だろう。後に述べる営利企業との同型性問題は、こうした入り口からも容易に侵入してくるのである。

*12 コモン・グラウンドについては、斎藤槙『社会起業家』、TFAについては、ウェンディ・コップ『いつか、すべての子供たちに』、アキュメンについてはジャクリーン・ノボグラッツ『ブルー・セーター』を参照。

*13 ここでホームレスの人々は加害者ではなく被害者である。

*14 『いつか、すべての子供たちに』を参照。

*15 公的機関による給付対象の選別を経ずに、社会全体において、最低所得の保障を図ろうとするベーシックインカムのような制度は、この観点からも導入が検討されてよいものと思う。見方を変えれば、ベーシックインカムは市場経済にフィットしやすい制度ということでもある。一九八〇年代、イギリスで一度、各政党がベーシックインカム導入の政策案をそれぞれ提示したことがあったが、これにもっとも熱心だったのは保守党であり、自由党、社民党（当時）がこれに続き、労働党は消極的だった。ベーシックインカムの性格を一つ物語るエピソードのように思われる。この点については、H. Parker *Instead of the Dole: An inquiry into integration of the tax and benefit system*を参照。

*16 同型性問題については、Rory Ridley-Duff and Mike Bull, *Understanding Social Enterprise: Theory and Practice*参照。同書は、世界的に広く読まれている、社会的企業論の教科書であり、著者たちはじっさいに社会的企業の経営経験を持つ。そのため同書には、同型性への引力に抵抗し続けることがいかに難しいかについて、赤裸々とも言えるリアルな記述がある。

*17 もちろん、アメリカ的な社会的企業はすべからく、こうした傾向を帯びると言っているのではない。たとえば、日本の社会的企業の先駆とも言える、駒崎弘樹氏のフローレンスは、アメリカ的として語られることが多いけれども、その著書による限り、駒崎氏はまず真っ先に企業組織のあり方から改革を始め、残業の軽減化などに徹底的に取り組んでいる。フローレンスの先駆性はこういうところにも現れていると思う。駒崎弘樹『「社会を変える」を仕事にする――社会起業家という生き方』などを参照。

*18 その最初の研究成果としてC・ボルザガ、J・ドゥフルニ編『社会的企業――雇用・福祉のEUサードセクター』がある。同書は、今日に至るも、社会的企業論の基本文献と言えるだろう。EMESはこの後も、OECD編著『社会的企業の主流化――「新しい公共」の担い手として』、M. Nyssense, *Social Enterprise*, J. Defourny, L. Hulgård and

V.Pestoff (eds.), *Social Enterprise and the Third Sector*など、精力的に研究成果を発表している。

*19 『社会的企業――雇用・福祉のEUサードセクター』、二六―二九ページ。

*20 A・エバース、J－L・ラヴィル・編、『欧州サードセクター』を参照。このサードセクターは、日本の第三セクターとはまったく異なる概念なので注意が必要。

*21 S. Bridge, B. Murtagh and K. O'Neill (eds.), *Understanding the Social Economy and the Third Sector*, chp.4を参照。

*22 日本におけるWISEの研究はまだ少ないが、先駆的な研究書として、米澤亘『労働統合型社会的企業の可能性――障害者就労における社会的包摂へのアプローチ』がある。

*23 これについては、『闘う社会的企業』第五章参照。

*24 SROIは、Social Returns On Investmentの略。SAAは、Social Accounting and Auditの略。それぞれ、社会的企業の成果を量的に測定するための方法として、研究とともにじっさいに活用もされている。たとえば、SROIでは、WISEの活動によって失業者が再就職を果たし、その分、失業保険の給付が抑えられた場合は、その失業保険の額をWISEの成果として勘定する。ただし、社会的企業の活動はその大部分が質的な性格のものだから、その代理指標の選択には常に問題が残る。SROI等については、玉村雅敏・編著『社会イノベーションの科学』、M・J・エプスタイン、K・ユーザス、『社会的インパクトとは何か』などを参照。

*25 内閣府NPOホームページ「我が国における社会的企業の活動規模に関する調査」。(https://www.npo-homepage.go.jp/toukei/sonota-chousa/kigyou-katudoukibo-chousa・二〇一七年九月一三日最終確認)

*26 『特定非営利活動法人Homedoor二〇一三年度年次報告書』(二〇一四年六月発行)、『特定非営利活動法人Homedoor二〇一四年度年次報告書』(二〇一五年六月発行)認定NPO法人Homedoorホームページに依る。(http://www.homedoor.org/・二〇一七年六月一九日最終確認)

*27 認定NPO法人Homedoorホームページに依る。(http://www.homedoor.org/・二〇一七年六月十九日最終確認)

*28 ホームドアはこれ以外にも、ホームレス状態にある人々の凍死や餓死を防ぐために、定期的に夜回りを行う「ホムパト」や、生活・医療相談、生活保護申請手続きの支援など、ホームレス支援として必要な事業を、数多く手がけている。

*29 シェーナウ電力会社については、田口理穂『市民がつくった電力会社――ドイツ・シェーナウの草の根エネルギー革命』に詳しい。また、市民発電事業全般については、高橋真樹『ご当地電力はじめました!』がよい。

*30 以下、基本的にNPO法人北海道グリーンファンド(HGF)のホームページの記載に依る。(http://www.h-green

fund.jp/・二〇一七年六月二〇日最終確認)

＊31 鈴木亨「運転開始・市民風量発電所——自分たちで電気をつくっちゃおう!」、一般社団法人日本エネルギー学会『風力エネルギー』、vol.27、No.2、八六-九一ページ。

＊32 「運転開始・市民風量発電所——自分たちで電気をつくっちゃおう!」、一般社団法人日本エネルギー学会『風力エネルギー』、vol.27、No.2、八八ページ。

＊33 「運転開始・市民風量発電所——自分たちで電気をつくっちゃおう!」、一般社団法人日本エネルギー学会『風力エネルギー』、vol.27、No.2、、八九ページ。

＊34 IEA, *Key World Energy Statistics 2014*, 電気事業連合会『FEPC Infor Base 2016』

終章

『国富論』はよみがえるか？

社会的企業はマクロ経済の要請を満たす

わたしたちの議論も、そろそろ終わりに近づいている。終章である本章では、社会的企業が現代の市場経済にもたらそうとしている「新しさ」と、それがどのような意味で『国富論』の再考につながるのかを考えてみよう。すなわち、『国富論』が描こうとし、規模の経済性の出現によっていったん挫折したかに見える市場経済の本来の姿が、もしかしたら、社会的企業などの新しい活動によってよみがえる可能性があるのではないか。終章では、この問題について、集中的に検討することにしよう。

そのためには、そもそも社会的企業が携わろうとする事業分野の、経済学的な位置づけについて考えておく必要があるだろう。社会的企業が携わろうとしている分野は、主に、福祉、教育、就労支援、コミュニティ支援、資源・エネルギー問題等である。もちろん、これら以外にもさまざまな可能性があるし、こうした問題に取り組んでいるのが、社会的企業だけであろうはずもない。また、行政が果たすべき役割と責任は依然として大きい。国全体を対象に、大量一括供給が適当な財・サービスについては、基本的に行政が担うべきであり、行政以外の主体では、規模の点から言っても限界があるだろう。

特に、貧困・格差をめぐる問題については、住む場所や地域によって、受けられるサービスに差が生じることは、本来的に言って好ましくない。そして、格差をなくす施策は、課税と補助金を組み合わせた、何らかの所得保障政策にならざるを得ないはずだから、これについては、行政が第一義的な責任を果たすべきである。社会的企業をはじめ、民間主体による支援活動は、国の責任を肩代わりするものではなく、あくまでそれと整合的に、一括供給のかたちでは対応しにくい個別のニーズに応えるものとして、機能すべきものだろう。

ところが、こうした福祉・教育・環境といった分野に、多くの人や資源を投入していくと、やがて経済の力が弱くなると言って、これに懸念を示す声をよく耳にする。専門の経済学者やエコノミストのなかにも、こうした見解を述べる人が少なからずいる。「弱くなる」というのは隠喩的な表現であって、その意味するところは、本当はよくわからないのだが、文脈から判断して、おそらくＧＤＰが伸びなくなる、すなわち、経済成長率が小さくなることを、懸念しているものと思われる。これはしかし、まさしく経済学的に見て、正しい意見になっているのだろうか。

これは、福祉や教育の拡充に批判的な態度を見せることの、倫理的な姿勢を問うものではない。そうではなくて、福祉や教育の拡充をはかることが、経済成長率を低くするという理解が、経済理論的に見て正しいのかどうかを、確かめる必要があると言っているのである。

この問題を考えるためには、少し以前の経済成長論が参考になる。ハロッド＝ドーマー理論と言われるものがそれであって、これはケインズ経済学直系の、もっとも初期の経済成長論を代表するものである。これはその後、現代の主流的理論である、新古典派成長理論から批判を受け、今日では、これに取って代わられたことになっている。そのため、今日のマクロ経済学の教科書等では、もはや言及されないことも多いのだが、私見では、この批判は、新古典派経済学の前提に立つと、ハロッド＝ドーマー理論の言うような展開にはならないと言っているのであって、ハロッド＝ドーマー理論と同じ前提の下で、その問題点を内在的に批判したものには必ずしもなっていないと思う。

特に、新古典派成長理論は、経済成長を経済の長期的な趨勢の意味で捉え、その経路に影響する要因を明らかにしようとするものだが、ハロッド＝ドーマー理論や、その大元にあるケインズ経済学は、長期を構成する一個一個の時点に目線を置いて、その各時点において、経済に何が起きるかを明らかにしようとしたものである。そして、一個一個の時点のつながりとして、長期というものが、結果的に残されるという見方をする。経済成長も同じであって、はじめから経済成長という趨勢があるのではなくて、経済活動の歩みをある時点で振り返ってみると、そこに成長や不況といった根跡が見出される、という見方をするのである。

要するに、ケインズ経済学と新古典派経済学では、経済現象に対する接近の仕方が基本的に違うのであって、そうした違いを無視して行われた批判に対しては、学問的な評価は慎重でなければならないのである。したがって、筆者自身は、ハロッド＝ドーマー理論が完全に間違っていたとか、使い物にならないほど古くなったとは思わない。そこで、あくまでも一つの見方として、この理論に基づくと、福祉や教育といった分野が、経済全体にとってどういう意味を持つものになるか、特にこれからの時代において、どういう意味を持つ分野になり得るかということについて、考えてみたいと思う。

経済成長とは、GDPが年々増大していくことである。GDPとは、一年間に生み出される付加価値の合計だから、付加価値が大きくなれば経済は成長したことになる。だから、かりに物資の数が増えなくても、コストダウンに成功して付加価値が増大すれば、それだけで経済は成長したことになる。しかし、ここでは簡単に、経済成長とはあくまで物資の数が増え、それが余ることなく人々に消費されてゆく過程のこととしておこう。

物資の数を増やすのは設備投資である。去年はまだ存在しなかった機械設備が、今年新たに加わることで、経済全体の生産量が増大するのである。経済学では、慣習的に設備投資をIという記号で表わす。そしてその一定割合が（たとえば、一億円の設備投資に対して、三〇〇〇万円相当の財が新たに作り出されるというかたちで）物資の増加となって現れる。この割合をかりにσ（シグマと読む）という記号で表わしておこう。つまりσとは、投資の生産性のことだと考えておけばよい。そうすると、物資の増加量をΔOとすれば、つぎのような簡単な関係式を得ることができる。

$$\Delta O = \sigma I \quad (1)$$

さて、ΔOだけの生産増加が可能になるとして、では、それを買い取るだけの需要はあるのだろうか。外国や政府の存在をいま考えないことにすれば、一国経済の需要は、一般家計の消費需要と、企業が示す投資需要の二つで構成されることになる。この二つが合わさって一国経済全体の所得を作り出し、それが財・サービスに対する需要の源になるのである。

設備投資が行われることによって、（1）式にあるように、経済全体での生産量が増加するから、これを吸収するためには、需要の方も、今までより大きくなる必要がある。したがって、消費か投資か、あるいはその両方が増えなくてはならないわけだが、所得が増える前から消費を増やすことはできないから、まず先手を取るべきは投資ということになる。投資が増えて所得を増やし、それを受けて、消費の増加が始まるのである。投資は、生産量の増加においても、需要の増加においても、それぞれ主役的な役割を果たすのである。その投資の増加分を、ここではΔIで表すことにしよう。

この投資増加のための資金源はどこにあるかと言えば、それこそがいわゆる貯蓄である。所得のうち、消費のために使う部分を除いたものが貯蓄である。それが、銀行を経由するなり、株式市場に投資されるなどして、必要な投資資金を賄うわけである。正しく言うと、投資が増加することで所得が増え、その増えた所得から生まれる新たな貯蓄で、結果的に、投資資金が賄われることになるのである。したがって、所得の増加分をΔYとし、そこから新規の貯蓄に回る割合をsで表せば、貯蓄増分はsΔYで表わすことができる。これが、投資増分に等しくなるわけだから、ここにも次のような簡単な関係式が成立する。

$$s\Delta Y = \Delta I \qquad (2)$$

あるいは、次のように書き直してもよい。

$$\Delta Y = \frac{1}{s}\Delta I \qquad (3)$$

設備投資が行われることで、（1）のΔOだけ物資の数が増える。これを吸収する需要が（3）式のΔYである。（1）の投資はIそのものだが、（3）の投資は投資増分ΔIになっていることに注意する必要がある。投資が一定なら需要も一定だが、投資が一定でも、資本設備は追加されるから、物資の量、すなわち、供給は年々増えてしまうのである。

物資の量が増えていくときに、経済全体の需要と供給の均衡を保ち、物資過剰による値崩れのような事態を避けるためにはしたがって、$\Delta O = \Delta Y$になる必要がある。この条件が満たされれば、かりに物資の数が増えていっても、物資の過不足が生じずに、経済は全体的な安定性を保つことができる。そうすると、

$$\Delta O = \Delta Y$$

$$\sigma I = \frac{1}{s}\Delta I$$

$$\sigma s = \frac{\Delta I}{I} \qquad (4)$$

という関係を得ることができる。$\Delta I/I$というのは、若干の誤差はあるものの、$\Delta Y/Y$にほぼ置き換えることができるので、（4）は次のような関係式に置き換えることができる。

$$\sigma s = \frac{\Delta Y}{Y} \qquad (5)$$

ΔY/Yとは所得の成長率だから、これがいわゆる経済成長率を表わすことになる。つまり、(5)式は、物資が年々増えていく経済にあって、需要と供給の均衡を保ち、経済の安定性を維持していくためには、経済が年々σ・sという率で成長する必要があることを示している。たとえば、σ(生産性)が〇・三で、s(貯蓄率)が〇・一だとすると、σs＝0.03ということになる。つまり、こうした条件の下にある経済では、年々三パーセントの経済成長が必要になるのである。このことを明らかにしたのが、ハロッド＝ドーマーの経済成長論である。

さてしかし、話はまだ終わっていない。現実の成長率がちょうどこの三パーセントになれば問題ないが、そうならなかったときはどうなるのか。たとえば、現実の成長率が二パーセントに止まったり、四パーセントまで上がったりした場合にはどうなるのか。それはやがて、自動的に三パーセントに戻ってくるのであろうか。そうであるなら、ただ単に放っておけばよい。それだけで経済は、需要と供給の均衡を保ちながら、安定的に成長していくことだろう。しかし、果たしてそううまくいくのだろうか。

たとえば、前年の投資が一〇〇であったとし、それが今年、一〇二、一〇三、一〇四になった場合のそれぞれについて、経済全体のバランスがどうなるかを考えてみよう。σが〇・三、sが〇・一とすれば、必要な成長率は三パーセント、すなわち、投資が一〇三になった場合である。その場合には、供給の増加分が、(1)式より、ΔO＝σ×I＝0.3×103＝30.9となるのに対し、需要の増加分は、(2)式より、ΔY＝(1/s)×ΔI＝(1/0.1)×3＝10×3＝30となって(若干の誤差は出るものの)、確かに需要と供給のバランスが保たれることがわかる。

しかし、投資が一〇二までしか伸びなかった場合、需要増加（ΔY）は（1/s）×ΔI＝10×2＝20しか生まれないが、供給増加（ΔO）はσ×I＝0.3×102＝30.6も生じるから、経済は明らかに過剰生産になる。すなわち、経済は全体的なバランスを失ってしまうのである。

では、この後はどうなるか。経済は放置しておいても、安定性を取り戻せるだろうか。そうなるためには、投資が一〇二から一〇三にまで増加する必要がある。投資が一〇三にまで増加すれば、経済はバランスを回復することができるのである。しかし、投資が一〇二のとき、投資の主体である企業はどのような状況の下に置かれているかと言えば、彼らは今過剰生産の下に、つまり作った製品が売り切れずに、在庫がどんどん増えていくという状況の下に置かれているのである。そうしたときに、設備投資の増加を決意する企業があるであろうか。商品が足りないというのであればまだしも、売り切れなくて困っているときに、さらに設備を増やして、生産量を増やそうと考える企業があるであろうか。

それは明らかに無理な話である。企業はむしろ過剰生産を痛感して、設備投資*I*を小さくしようとするだろう。その結果どうなるかといえば、経済は、需給バランスを回復する方向ではなく、むしろそこから余計に離れる方向へ進むことになるだろう。すなわち、投資は一〇二から一〇三の方へ増大するのではなく、一〇二よりもさらに小さな方へ収縮してしまうだろう。投資が小さくなれば、確かにΔOも小さくなるが、需要増分ΔYもさらに小さくなるから、需要と供給の不均衡はさらに拡大して、経済はさらに縮小する方向へ進んでしまう。すなわち、経済は全体的に不況の方向へ、自ら突き進んで行ってしまうのである。*1

ここで、企業が何か不合理な行動をしているかと言えば、けっしてそんなことはない。作った製品が売り切れず、大量の在庫が発生しているというとき、生産量を抑制しようとするのは当然の判断である。しかし、その当然の合理的な行動が経済全体に集計されると、経済はむしろ、その矛盾を拡大させる方向へ、自らを導いてしまうのである。このように、個々の意思決定としては合理的な行動が、経済全体に集計されると不合理な結果を招いてしまうという事態を、経済学では合成の誤謬と表現する。ハロッド＝ドーマー理論は、これが経済成長の場面においても現れうることを、端的なかたちで示したものなのである。そして、こうした理論に基づいて、資本主義経済の本質的な不安定性を明らかにしたことに、ハロッド＝ドーマー理論の歴史的な意義があるのである。*2

日本経済は、一九八〇年代頃から旺盛な技術革新を成し遂げてきた。その恩恵は、日々のわたしたちの生活に現れている。技術革新を行い、生産性を向上させ、新製品を作り出していくことは、わたしたちの生活向上にとって欠かせないことである。しかしながら、生産性の向上は、同時に、σの値を上昇させることでもある。このことに、わたしたちは注意しなければならないのである。ハロッド＝ドーマー理論にしたがえば、σの上昇は、経済のバランスに必要な成長率σsの値を引き上げてしまう。ということはそれだけ、現実成長率が、必要な成長率に、とどかなくなる可能性が高くなるわけである。

わたしたちが、高い成長率を実現させやすい時代にいるのなら、σsの値が上昇しても、それほど心配しなくていいだろう。しかし、これからの時代、高い経済成長率などそうそう実現できるものではない。そこへ持ってきて、必要な成長率を引き上げてしまったら、現実成長率がそれを下回る確率は、よけい高まるはずである。

そうなるとどうなるか。経済は市場メカニズムのようなかたちで、成長率をやがて自動的に、必要な成長率に導いてくれるかというと、そういうメカニズムが残念ながら存在しないことを、ハロッド＝ドーマー理論は示しているのである。しかもそれは、必要成長率よりも低いなら低いで、そこに止まるものですらない。そうであるなら、それはそれで、まあ仕方がないかで済むわけだが、そうではなくて、ハロッド＝ドーマー理論は、その場合、経済はより成長率を低める方向へ、すなわち不況へ向かって、まっしぐらに突き進んでしまうことを教えているのである。技術革新に邁進した後の一九九〇年代に、日本経済が失われた二〇年とも言われる長期不況に苦しめられたのは、本当に、バブル後遺症としての金融要因だけが原因だったのかどうか。この古い理論に学ぶべきことは、まだまだ多いように思われる。

では、このような知見に照らしてみるとき、改めて、福祉・教育・環境といった分野は、どのような経済学的意味合いを持つものとして、見えてくるだろうか。それは、経済を本当に弱くするものにすぎないのだろうか。

福祉・教育・環境といった分野は、物的生産性を直接高めるものではないという点に、その第一の特徴がある。もちろん、σには、買い取られることを必要とするすべてのものが関係するから、福祉や教育の中身であるサービスも本当は含まれる。しかし、それらが、規模の経済性を背景とするような、爆発的な生産性の向上をもたらすものでないことは明らかである。いやむしろそれゆえに、すなわち、そうした分野は、製造業のようには生産性を向上させないからというので、経済を弱くすると言われてきたはずなのだ。

しかしσの値を引き上げないということは、需給バランスに必要な成長率も、それだけ低く抑えられることを意味するはずである。他方で、こうした分野は、潜在的な需要を満たすにはまだほど遠い状況にあるのだから、投資はどんどん増えていってもおかしくない。すなわち、現実成長率はむしろ高めになるはずなのである。必要な成長率が抑えられる一方で、現実の成長率が高めになるとしたら、それは先の数値例で言えば、投資が一〇四になるような確率が高くなるということである。[*3]これは、先のケースとは逆に、投資がますます増加することで均衡状態から離れて行くケースだから、この場合、経済は成長率を高める方向へ自ら突き進むことになるだろう。もちろん、不均衡による拡大をいつまでも許容することはできないけれども、少なくとも福祉・教育・環境といった分野に比重をかけ直した経済は、じつは高成長化しやすい経済になるはずなのである。普通、そうした経済のことを、強い経済というのではないだろうか。

福祉・教育・環境といった分野に、人とお金を回していくと経済が弱くなるという話は、経済学的にはまったく支持されない話なのである。経済学が示唆する解釈はその逆で、経済の体質はむしろ強くなるはずなのである。そして今、そうした分野を担う新たなエージェントとして、社会的企業という新しい存在が現れつつあるのである。社会的企業の経済学的な位置づけとは、まずはこのようなものであることを、わたしたちは一つ知っておいていいだろう。一言で言えば、社会的企業は、これからの時代における、マクロ経済的な要請に適合性を持つ存在なのである。社会的企業が担おうとする分野を広げていくことが、経済の体質をじつは強くすることになる。これは何より、経済の冷徹な論理が示していることなのだ。

かつてアルフレッド・マーシャルは、経済学を学ぶ者には二つのものが要求されると言った。すなわち、「冷徹な頭脳と温かい心（cool head but warm heart）」である。この両方を両方ともに持たなければ、経済学者としては失格だと言ったのである。福祉や教育分野の必要性は、ときとして、経済的な論理を無視したところで、情緒的に主張される傾向があると言われる。すなわち、「冷徹な頭脳」を無視して「温かい心」にだけ訴えようとする、そういうものとして受け止められる傾向がある。なかには、そういう議論の立て方をしているものもあるかもしれない。

そして確かに、こうした分野に携わろうとする社会的企業には「温かい心」が求められる。それを持たずに社会的企業を営んでも、それが真の効果を発揮することはないだろう。しかし、では社会的企業は、マーシャルの言う「冷徹な頭脳」を無視した存在かと言えば、それがけっしてそうではないことを、今の議論は示していると思う。

社会的企業が担おうとしている分野は、かりに「温かい心」をすべて脇に置いたとしても、経済の「冷徹な頭脳」によってなお求められる分野である。わたしたちは、このことをよく理解しておく必要があるだろう。

新しい「働き方」としての社会的企業

社会的企業の経済学的な位置づけを確認したところで、改めて社会的企業が現代経済に対して、あるいは現代社会に対して、示唆するところを考えてみよう。

まず確認しておくべきことは、社会的企業は一つの「仕事」として営まれるものであって、この点で、いわゆる市民「運動」とは性格が異なるということである。もちろん、社会的企業は、その価値観や目指すところにおいて、市民運動と大きく重なる部分を持つけれども、市民運動とは多くの場合、他に仕事を持つ人々が、仕事との両立をはかりながら取り組むものであるのに対し、社会的企業は、この仕事じたいを本業にして、これでもって「食べていく」ことを目標とする。その意味で、文字通り新しい「働き方」と新しい「生き方」を、事業の実践とともに構築していくことが、社会的企業の本質部分にあると言っていいだろう。

元より、それだけの条件を完全に満たすことのできる社会的企業は、特に日本の場合、まだまだ少数にとどまるのが実情だろう。あるいは、専従の有給職員を持つ場合でも、給与水準じたいは、同世代の一般企業社員より、ずいぶんと低いかもしれない。これがアメリカになると、NPO職員であっても、年収一〇〇〇万円レベルを超えることも珍しくない。しかし、ならばというので、アメリカ的な社会的企業の後を追うことが、日本の社会的企業にとってベストの選択になるかと言えば、それは一概には何とも言えない。先にも見たように、アメリカの社会的企業は寄付金に助けられている部分が多く、それだけの寄付金「市場」がアメリカには現に存在する。社会的企業を取り巻く環境が、日本とアメリカでは根本的に違うのである。一方で、そうした寄付金を維持するためにも、短期的な成果を求められるアメリカにおいては、同型性問題が顕著なかたちで現れやすいことも、先に見た通りである。

こうした現実に対して、「給料が安くても、それだけ意義のある仕事をしているのだから、それで十分ではないか」という、これまでにも多く見受けられてきた姿勢は、社会的企業が取るべき方向ではないと思う。給与が低いままでは、結局、社会的企業に参加できる人が限られてしまう。人が集まってこなければ、社会的企業としての発展も損なわれ、長期的には、活動の継続もできなくなるだろう。このように言うと、即座に、そのような「高い給料を求める人物などはじめから必要ない。そういう価値観の人はもっとお金の稼げる別の世界へ行った方がよい」といった、厳しい反論が返ってきそうである。

しかし、まず第一に、一定の給与水準を求めるということは、何か金目当ての存在になることを意味するものではない。そうではなく、社会的企業も「企業」であるからには、一般企業並みの平均的な給与水準を、本来確保する必要があると言っているのである。それを大きく下回る給与水準を、意義の一言で我慢させようとする姿勢を、特に、若い世代に求めるのは正しくないと思う。なぜと言って、これから職業人生に踏み出していこうという若者たちが、さまざまな機会にあふれた人生を目指そうとするのは、至極当然の権利だからである。その機会の選択肢の一つとして、社会的企業で働くということが、ごく自然なかたちで入ってくるようになることが望ましいのである。

人生の機会は、金で買えるものではないというのはその通りだが、人並みの所得と人並みの時間もないのに、人生の機会だけは豊富にあるということはない。社会的企業に勤めることが、あるいは、社会的事業に加わることが、若者の人生の機会を狭めることになってはいけないのである。一定の給与水準を確保するとは、そのために必要な一つの条件にすぎないのである。

第二に、社会的企業の仕事を、一般企業の仕事よりも意義あるもの、価値の高いもの、と無前提に見做す傾向があるとしたら、それも問題である。たとえば、この世からいっさいシャンプーがなくなったら、メガネがなくなったら、その日からこの世がどうなるかを想像してみればよい。それはそれで大変な世界になってしまうのであって、その意味では、一般の営利企業もまた、社会的事業とは異なる意味で、社会的に意義のある仕事を行っているのである。

そんなことは子どもでも分かることだと言われそうだけれども、もし本当にわかっていたら、「給与の低い仕事」と「意義のある仕事」を一組に見なす習慣に対して、もっと慎重になるはずだ。この「子どもの理屈」には、本当は非常に深い問題が含まれている。そもそも仕事の意義とは何なのか、営利とは本質的に悪いことなのか、利己性とは何なのか、営利企業が利己性を持つのはその通りだとして、他人を助けて自身が満足することにある種の利己性はないのか、等々といった高度に哲学的な問題が多数含まれているのである。こうした問題を「禅問答」だと言って退けている限り、経済への認識はけっして深まらない。経済への認識が深まらないのに、社会的企業への認識だけが深まることはありえない。

では、社会的企業と一般企業とのあいだに、何の違いもないかと言えば、もちろんそうではない。それは、福祉・教育・環境・コミュニティといった諸分野において、社会的企業がじっさいに行っている仕事を見てゆけば、おのずとわかることである。

たとえば、先に見たホームドアは、ホームレス状態にある人々に、単に仕事の機会を提供しているのではない。彼らが、その仕事に取り組めるのは、何より、ホームドアに自分の「居場所」を感じているからである（と、ホームドアを訪問したときに実感した）。もしかしたら、それは前の職場では得られなかったものかもしれない。人が自分の「居場所」を感じるのは、そこにいる人たちから自分が承認され、自分もまたその人たちを承認したいと思えるときだろう。そういう、同じ場所にいる者どうしの、人と人としての関係のあり方が、仕事への意欲を与え、社会に参加する動機を与え、自分自身に対するささやかな自信、つまりは、自尊の気持ちを取り戻させてくれるのである。

ホームドアをはじめ、社会的企業が行っていることは、人を排除する関係から、人を包摂する関係に、人と人の関係のあり方を変えることなのだと思う。人と人の関係のあり方を問い、これを変えていくことによって、人が弾き飛ばされない関係のあり方、人を排除しない組織のあり方を構想し、それを自らの「仕事」を通じて社会に提案していくこと。これが社会的企業の「仕事」なのだと思う。

関係のあり方を変えるという「仕事」。それは、自分自身も、何らかのかたちでその関係のなかに分け入っていかない限り、成し遂げることのできない仕事だろう。この点で社会的企業は、かりに社会的に意義のある財・サービスであったとしても、それを市場に一方的に供給していく一般企業とは、本質的に異なる「仕事」をしていると言っていいのではなかろうか。*4

そういう「仕事」が、まさしく一つの「仕事」として、人々の選択肢に入ってくるような社会になることが望ましいと思う。この仕事を選ぶのは、何も若者だけとは限らない。社会的企業のような仕事は、新規学卒者の一括採用である必要性も必然性もまったくないのだから、人がそう思ったときに、この仕事に就けるようになることが望ましい。むしろ、挫折や失敗の経験も含めて、さまざまな人生経験を積んできた人の方が、人と人の関係を変える仕事には向いているかもしれない。

それが一つの「仕事」になるなど、わたしたちは何か夢を食むような話をしているのだろうか。しかし、忘れないでほしい。社会的企業はすでに、実際に、存在しているのである。

もしも、社会的企業のような存在が、もっと社会的に定着するようになったら、それは人々の職業選択の幅を、あるいは、社会参加の仕方を、格段に広げるに違いない。一般企業に勤めることに、何となく二の足を踏むという人は当然いる。もちろん、それ以外にもいろいろ仕事はあるわけだが、資本主義経済における競争では、営利性の低い職種はどうしても存続が難しくなるから、現代は、本当は、職種がかなり限定された時代になっていると思う。社会的企業は、そうした競争過程で淘汰された人々や、社会的排除を受けてきた人々を支援する存在であると同時に、その「支援」という「仕事」を提供する存在でもあるのである。

そういう仕事に、本当は携わりたいと考えている人は、今の時代、想像以上に多いものと思う。そうした人々の職業意識をそのままに活かせる社会、それが社会的企業の目指す、新しい「企業」と新しい「働き方」がある社会の姿なのではないだろうか。

社会的企業は『国富論』をよみがえらせるか?

ふつうの人々が、自分のささやかな得意を活かして社会に参加できること、その得意を生業にして、他の人々と交換の関係を結んでいくこと、そうして広がる分業と協業の秩序が、生活に必要な「必需品と便益品」を、社会の隅々にまで行き渡らせるようになること。これがスミスの考える市場経済の姿であり、『国富論』が描こうとした、貧困のない社会の風景だった。これが、資本主義経済の経験を経て実現されたと見るか、それとも、似て非なる世界に変わってしまったと見るか、その判断は、基本的に、わたしたち一人ひとりに委ねられていると言っていいだろう。『国富論』が求めるもう一つの条件は、人々の求める自由が、互いに両立しなければならないということである。ある人の求める自由が、他の人の自由を侵すことになるならば、その自由はそのままでは認められないものになる。自由とは、無尽蔵に叶えられるものではないのである。世界を支配するのも人の自由だとして、それを認めるわけにはいかないのである。

では、そうした場合の自由の抑制は、いかにしてはかられるべきか。人々の自由を守るためとして、絶対的な権力を持つ「王」のような存在を呼び戻したのでは、一人ひとりの自由が、王という特定の人の恣意の下に置かれることになる。これでは、誰の恣意にも属さないこととしての「自由」の定義に反することになる。

では、どうするか。『国富論』が示した、王に代わる自由の守り神こそ、本来の意味での競争、すなわち、コンペティションだった。これは、強いものに追いつき追い越すことで、勝者の座を射止めようとする競争、すなわち、エミュレーションとは異なる競争だった。収穫逓減の条件の下で、誰かが他人の領分を侵して自分の領分を広げようとすると、増産部分の費用条件が悪化してブレーキがかかる。こうすることで、それぞれの人のささやかな生業が、誰に侵されることなく保たれていく。ここで他者の自由を守ったのは、慈悲にあふれた支配者ではない。個々の小さな企業どうしの競争が、すなわち、誰の恣意にも属さない一つのメカニズムが、結果的に、一人ひとりの生業と自由を守ったのである。小さな無数の企業による競争市場とは、本来、こうした機能を意味するものだった。そして企業とは、一人ひとりが、自らの望む仕方で社会に加わり、それを生業として自らの生活を営む、その仕方を意味するものだった。

市場経済がこのようなものとして機能するためには、収穫逓減の条件が、すなわち、規模を拡張して他者を排除しようとすると、かえって競争力を落とすことになるという条件が、最低でも満たされる必要があった。だから、収穫逓増の出現は、この根本条件を、その根底から覆すほどの意味を持つものだった。そして、一九世紀以降の、わたしたちが実際に経験してきた資本主義経済は、この収穫逓増を土台として発展してきたものだった。それは確かに、わたしたちの生活に大量の物資をもたらしてくれた。しかし、その一方で、収穫逓増の条件を満たさない業種は、それがいくらわたしたちの生活に必要な役割を担うものであったとしても、気がつけば、社会の隅へと追いやられているのだった。

一九世紀、二〇世紀、そして基本的には二一世紀の現在においても、経済の主力は収穫逓増の下にある。固定資本設備を主役とする業種においては、半ば算術上の必然として、収穫逓増が発生する。したがって、その世界において支配的となる競争も、いぜんとしてエミュレーションを続けるものになるだろう。

しかしながら、近年の新たな技術の発展は、必ずしも規模の経済性（収穫逓増）を、不可避とするものばかりではなくなってきたように見受けられる。あるいは、大元の共通基盤的な部分は、規模の経済性によって支えられているとしても、個々の利用者のレベルでは、規模の小ささが、以前のようには、決定的に不利な条件にはならないような、そういう新たな技術環境が整いつつあるように見受けられる。典型的なのはやはりＩＣＴであって、情報通信料が安いのも、端末機器が安く手に入るようになったのも、それじたいは規模の経済性に支えられた成果には違いないが、インターネット上で展開される個々の事業を見れば、大企業がかならずしも有利とは限らず、個人ですら、ほぼ同様の費用条件で、事業を展開できるようになっている。

同じことは、一見、従来的な設備産業と思われている領域でも生じているのであって、その一つがたとえば発電事業である。発電機の製造に規模の経済性が働くことはその通りだが、発電そのものの規模は、以前に比べ格段に小さくすることが可能になった。国策と称して山を崩し、海岸を埋め立て、人の住む村をつぶしてまで、巨大な発電所を作らなくても、電気を作り出すことは十分可能になってきた。コージェネレーションや家庭単位での太陽光発電は、そうした新しい技術によって支えられている。先に見た、北海道グリーンファンドの実践も、こうした技術条件とともにあることは言うまでもない。

社会的企業の出現を考えるとき、このような新しい技術条件の出現を看過することはとうていできない。わたしが知る限り、事業の安定化に成功した社会的企業は、いずれもＩＣＴをじつに上手に、また的確に使っている。それは、ホームページを通じた情報発信はもちろん、社会的企業のもう一つの「仕事」である啓発事業も、その多くはＩＣＴによって担われている。社会的企業が自らの存在を社会化して、支援を必要としている人々にその存在を知らせることは、社会的企業がその役割を果たすための第一歩と言える。巨大メディアに多額の広告料を納めなければ、自社の存在を知らせられない時代ではもはやないのであり、逆に言えば、メディアを通じた高額のイメージ戦略だけで、企業としての評価を維持できるような時代でも、もはやないのである。

社会的企業は、本質的に企業規模と事業範囲の小さな事業体である。すなわち、収穫逓増には依存しないかたちで、自らの技能と競争力を高めていける業種なのである。もちろん、福祉や教育に関して、広域単位で人々のニーズを掌握することは、より適切なサービス事業者と結びつけるうえで重要な条件になるだろう。だから、社会的企業だというので、規模の経済性が不必要になるわけではない。

しかし、その場合でも、一つの社会的企業が、その全域をカバーしうるほどに巨大化する必要はないのであって、社会的企業の場合には、それぞれが自らの拠点を大事にしながら、複数の社会的企業が連携することを通じて、実質的に規模の経済性を発揮していくことが望ましいと思う。個々の独立した事業体が、その独立性を維持したまま、連携を通じて、個々バラバラに事業を行う場合よりも、必要な情報交換や相互交渉に要する時間と労力を減らしていくのである。まさしく経済学で言う、取引費用の内部化と言われる現象の、もっとも古典的なケースである。連携の構築は、社会的企業の発展にとってすこぶる有効な戦略になるだろう。*5

古典とは

社会に住む人々が、自分の得意、自分の好み、自分の問題意識に応じて、自分の職業を選ぶことができ、その成果を互いに交換し合うことによって、生活に必要な物資と便益を調達し合い、それを通じて、社会から貧困がなくなっていく。自分の仕事をどう進めるかは各人の自由だが、それが他の人の自由を圧迫するほどになると、その力が自然に衰えて他者との競争に耐えられなくなり、結果的に、誰の指図によることなく、一人ひとりの存在が確保されていく。こういう社会を望ましい社会と、もしあなたが思うとしたら、あなたにとって『国富論』は無縁の書物ではない。そして、同じように考える人が、社会になお多くいるのなら、『国富論』の思想的寿命もまだ終わっていないと言っていい。

『国富論』が描く市場経済を支える企業は、基本的に小さな企業である。自分の選んだ生業にいのちをかけてはいるが、競争の虜になって、競合する他者を蹴落とそうと目論むようなことはしない。それは利己心を原動力にはするが、だからと言って、他者の利己心を踏みにじろうとはしない。なぜと言って、彼ら・彼女らは、コンペティションとしての競争を受け入れているのだから。

このような市場と企業をよみがえらせるものこそ社会的企業なのだ、などと大団円的な結論にここで飛躍しようとは思わない。だがしかし、一八世紀の古典的書物と、二一世紀の新しい企業とを、視野の両端において見比べてみるとき、そこに奇妙なほどの連続性を感じるのは、筆者一人であろうか。もし、そのような印象に何ほどか理由があるとしたら、それは、これから近代を始めるというときに期待したことと、近代を一めぐりしてみたら心配になってきたこととが、血を分けた兄弟のように、よく似ているからではないだろうか。

時代は、『国富論』のことなど忘れて、前へ、前へと進んでいくことだろう。しかし、自分は今、どこにいるのだろうとふと不安になったとき、あなたはここから出かけて、ここまで来たのだよと、さりげなく教えてくれるのが、それが古典というものである。今、『国富論』を読み返すことには、そんな意味合いがあると思うのである。

＊1　読者はこのことを、投資が一〇〇から一〇一にまでしか増えなかった場合の、ΔY、ΔOをそれぞれ計算してみることで、確かめてみてほしい。

＊2　この点を批判して、資本主義経済を本質的に安定的なものとして描いたのが、先述した新古典派成長理論である。これは、資本係数（生産量一単位に対して必要な資本量）が、時間の流れとともに変化すると仮定することで、成長経路の安定性を主張したものである。この論理を前提にすると、経済が不安定になるのは、その資本係数が変化できない場合ということになるだろう。そして新古典派は、ハロッド＝ドーマー理論が、資本係数が一つしかないような仮定を理由なく前提しているとして、これを批判したのである。しかし、これも先述したように、ハロッド＝ドーマー理論は、企業が意思決定を行うある一つの時点に的を絞った理論である。かりに、資本係数が変化するものであったとしても、ある特定の一時点において存在する資本係数は、一つしかないだろう。だから、新古典派とハロッド＝ドーマーでは、問題の捉え方が根本的に異なるのであって、その意味で、新古典派の批判は必ずしもハロッド＝ドーマー理論に内在的な批判とは言えないように思う。この点について詳しくは、たとえば井上義朗『読むマクロ経済学』などを参照してほしい。

＊3　念のため確認しておくと、投資が一〇四の下では、ΔO＝0.3×104＝31.2、ΔY＝10×4＝40となって、明らかに超過需要になる。すなわち、作った製品があっという間に売り切れてしまい、それでも品物が足らないと、店先に長蛇の列ができるようなケースである。この場合、需給均衡の回復に必要なのは、投資を一〇三にまで引き戻すこと、つまり、投資を縮小させることなのだが、店先に長蛇の列を見ている生産者は、これは製品の作り方が足らなかったのだと判断して、生産量を増やす、すなわち、投資を拡大しようとするだろう。これ自体は、個々の生産者からすればやむを得ない判断、あるいは、合理的な判断と言ってよいはずなのだが、それが経済全体に集計されると、ΔOも大きくなるものの、ΔYはそれよりもっと大きくなって、超過需要はさらに拡大してしまう。すなわち、経済は需給均衡の状態から、ますます（上方へ）離れていってしまうわけである。これは、投資が一〇二のケースとは反対の方角へ向けて、合成の誤謬が発生したケースと考えてよい。

＊4　もちろん、そうした仕事を一般企業が行ってわるいことは何もない。そうしたかたちで、一般企業が社会的企業のような性質を帯びていくことは、資本主義経済のなかにありながら、資本主義経済に、まさしく革命的な変化をもたらすことになるだろう。

＊5　取引費用に関しては、ウィリアムソン前掲書参照。ここで言う古典的なケースについては、取引費用論の文脈ではないが、マーシャル『産業と貿易』を参照。そこでは、一九世紀の工場といった場合、その多くがじつは、独立した企業が、移動や交渉の費用を削減するために「一つ屋根」の下に集まって連携作業を行っているものだったことが、よく描かれている。また、日本での高齢者医療における「連携」の成果を伝えるものとして、佐藤幹夫『ルポ高齢者ケア』がある。

参考文献

Amsler, C. E., Bartlett, R. L. and C. J. Bolton［1981］"Thoughts of some British economists on early limited liability and corporate legislation", *History of Political Economy*, vol.13; 4, 1981

Berle, A and G. C. Means［1932］*The Modern Corporation and Private Property*, A・バーリ、G・C・ミーンズ、『近代株式会社と私有財産』、北島忠男・訳、［一九五八］、文雅堂銀行研究社

Borzaga, C. and J. Defourny（eds.）［2001］*The Emergence of Social Enterprise*, C・ボルザガ、J・ドゥフルニ・編、『社会的企業——雇用・福祉のEUサードセクター』、内山哲朗、石塚秀雄、柳沢敏勝・訳、［二〇〇四］、日本経済評論社

Bridge, S, Murtagh, B. and K.O' Neill（eds.）［2014］*Understanding the Social Economy and the Third Sector*, 2nd, Palgrave Macmillan

Chandler Jr, A.D.［1977］*The Visible Hand : The Managerial Revolution in American Business*, A・D・チャンドラー、『経営者の時代——アメリカ産業における近代企業の成立』、鳥羽欽一郎、小林袈裟治・訳、［一九七九］、東洋経済新報社

Defourny, J, L. Hulgård and V. Pestoff（eds.）［2014］*Social Enterprise and the Third Sector*, Routledge

Epstein M. J. and K. Yuthas［2014］*Measuring and Improving Social Impacts*, M・J・エプスタイン、K・ユーザス、『社会的インパクトとは何か』、鵜尾雅隆、鴨崎貴泰・監訳、松本裕・訳、［二〇一五］、英治出版

Evers A. and J-L Laville（eds.）［2004］*The Third Sector in Europe*, A・エバース、J－L・ラヴィル・編、『欧州サードセクター』、内山哲朗、柳沢敏勝・訳、［二〇〇七］、日本経済評論社

Floud, R and P. Johnson（eds.）［2004］*The Cambridge Economic History of Modern Britain*, Cambridge U. P.

Foucault, Michel［2004］*Sécurité, territoire, population: Cours au Collège de France* (1977-1978), ミシェル・フーコー、『安

全・領土・人口——ミシェル・フーコー講義集成7』、高桑和巳・訳、［二〇〇七］、筑摩書房

Foucault, Michel［2004］*Naissance de la biopolitique: Cours au Collège de France* (1978-1979), ミシェル・フーコー、『生政治の誕生——ミシェル・フーコー講義集成8』、慎改康之・訳、［二〇〇八］、筑摩書房

藤井敦史、原田晃樹、大高研道・編著［二〇一三］『闘う社会的企業』、勁草書房

Galbraith, John Kenneth［1994］*A Short History of Financial Euphoria*, ジョン・ケネス・ガルブレイス、『（新版）バブルの物語』、鈴木哲太郎・訳、［二〇〇八］、ダイヤモンド社

原田晃樹、藤井敦史、松井真理子［二〇一〇］『NPO再構築への道』、勁草書房

Hayek, Friedrich A.［1944］*The Road to Sefdom*, フリードリッヒ・ハイエク、『隷属への道』、西山千明・訳、［一九九二］、春秋社

Hegel, G. W.F.［1807］*Phänomenologie des Geistes*, G・W・F・ヘーゲル、『精神現象学』、長谷川宏・訳、［一九九八］、作品社

樋口陽一［一九八九］『自由と国家』、岩波書店（岩波新書）

Hilton, Boyd［1988］*The Age of Atonement: The Influence of Evangelicalism on Social and Economic Thought, 1795-1865*, Clarendon Press

平田清明［一九六五］『経済科学の創造』、岩波書店

Honneth, Axel［1992, neue Auflage 2003］*Kampf um Anerkennung*, アクセル・ホネット、『承認をめぐる闘争（増補版）』、山本啓、直江清隆・訳、［二〇一四］、法政大学出版局

Honneth, Axel mit Nancy Fraser［2003］*Umverteilung oder Anerkennung?*, ナンシー・フレイザー、アクセル・ホネット・編、『再配分か承認か?』、加藤泰史・監訳、［二〇一二］、法政大学出版局

井上義朗［一九九三］『市場経済学の源流——マーシャル、ケインズ、ヒックス』、中央公論新社（中公新書）

井上義朗［二〇〇四］『コア・テキスト　経済学史』、新世社

井上義朗［二〇一二］『二つの「競争」――競争観をめぐる現代経済思想』、講談社（講談社現代新書）
井上義朗［二〇一六］『読むミクロ経済学』、新世社
井上義朗［二〇一六］『読むマクロ経済学』、新世社
Jefferys, J. B.［1977］*Business Organization in Great Britain 1856-1914*, Arno Press
駒崎弘樹［二〇一一］『「社会を変える」を仕事にする――社会起業家という生き方』、筑摩書房（ちくま文庫）
Kopp, Wendy［2001］*One Day, All Children: The Unlikely Triumph of Teach For America and What I Learned Along the Way*, ウェンディ・コップ、『いつか、すべての子供たちに』、東方雅美・訳、［二〇〇九］、英治出版
Lemke, Thomas［2007］"'The birth of bio-politics': Michel Foucault's lecture at the Collège de France on neo-liberal governmentality," *Economy and Society*, vol. 30, 2007.
Leon, Paolo［1967］*Structural Change and Growth in Capitalism: A Set of Hypotheses*, パオロ・レオン、『資本主義の構造変化と成長』、小野俊夫、浅野克己・訳、［一九七四］、学文社
Marshall, Alfred［1919］*Industry and Trade*, アルフレッド・マーシャル、『産業と商業』、永澤越郎・訳、［一九八六］、岩波ブックセンター信山社
Micklethwait, J. and A. Wooldridge［2003］*The company: a short history of a revolutionary idea*, J・ミクルスウェイト、A・ウールドリッジ、『株式会社』、鈴木泰雄・訳、日置弘一郎、高尾義明・監訳、［二〇〇六］、ランダムハウス講談社
Mill, John Stuart［1848］*Principles of Political Economy, with some of their applications to social philosophy*, J・S・ミル、『経済学原理』、末永茂喜・訳、［一九五九］、岩波書店（岩波文庫）
Mokyr, Joel［2009］*The Enlightened Economy: Britain and the Industrial Revolution 1700-1850*, Penguin Books
村上淳一［一九八五］『新装版ドイツ市民法史』、東京大学出版会
Nell, E. J.［1998］*The General Theory of Transformational Growth: Keynes and Sraffa*, Cambridge U.P.

Novcgratz, Jacqueline［2009］*The Blue Sweater: Bridging the Gap between Rich and Poor in an Interconnected World*, ジャクリーン・ノボグラッツ、『ブルー・セーター』、北村陽子・訳、［二〇一〇］、英治出版
ＮＰＯ法人コミュニティシンクタンクあうるず編［二〇一六］『ソーシャルファーム』、創林社
Nyssense, M［2006］*Social Enterprise*, Routledge
OECD［2009］*The Changing Boundaries of Social Enterprises*, OECD編著、『社会的企業の主流化――「新しい公共」の担い手として』、連合総合生活開発研究所・訳、［二〇一〇］、明石出版
Parker, H［1989］*Instead of the Dole: An inquiry into integration of the tax and benefit system*, Routledge
Pasinetti, Luigi L.［1981］*Structural Change and Economic Growth: a theoretical essay on the dynamics of the wealth of nations*, ルイジ・L・パシネッティ、『構造変化と経済成長』、大塚勇一郎、渡会勝義・訳、［一九八三］、日本評論社
Ridley-Duff, Rory and Mike Bull［2011］*Understanding Social Enterprise: Theory and Practice*, SAGE publications Ltd
斎藤槙［二〇〇四］『社会起業家』、岩波書店（岩波新書）
坂本光司［二〇〇八］『日本でいちばん大切にしたい会社』、あさ出版
佐藤幹夫［二〇一四］『ルポ高齢者ケア』、筑摩書房（ちくま新書）
Saville, John［1955］“Sleeping Partnership and Limited Liability, 1850-1856”, *Economic History Review*, 2nd series 8, 1955-56
篠原匡［二〇一四］『神山プロジェクト』、日経ＢＰ社
Smith, Adam［1759］*The Theory of Moral Sentiments*、アダム・スミス、『道徳感情論』、水田洋・訳、［二〇〇三］、岩波書店（岩波文庫）
Smith, Adam［1776］*An Inquiry into the Nature and Causes of the Wealth of Nations*, アダム・スミス、『国富論Ⅰ－Ⅳ』、大河内一男・監訳、［一九七八］、中央公論新社（中公文庫）
Social Enterprise London［2001］*Introducing Social Enterprise*、『社会的企業とは何か――イギリスにおけるサード・セ

クター組織の新潮流』、藤井敦史他・訳、［二〇〇五］、（財）生協総合研究所『生協総研レポート』No. 48
鈴木亨［二〇〇三］「運転開始・市民風量発電所——自分たちで電気をつくっちゃおう！」、一般社団法人日本エネルギー学会『風力エネルギー』、vol.27（2003），No.2
田口理穂［二〇一二］『市民がつくった電力会社——ドイツ・シェーナウの草の根エネルギー革命』、大月書店
高橋真樹［二〇一五］『ご当地電力はじめました！』、岩波書店（岩波ジュニア新書）
玉村雅敏・編著［二〇一四］『社会イノベーションの科学』、勁草書房
谷口奈保子・編著［二〇〇五］『福祉に、発想の転換を！——ＮＰＯ法人ぱれっとの挑戦』、ぶどう社
谷本寛治・編著［二〇〇六］『ソーシャル・エンタープライズ——社会的企業の台頭』、中央経済社
Todd, Geoffrey［1932］“Some Aspects of Joint-Stock Companies,1844-1900”, *Economic History Review* 4, 1932
特定非営利活動法人Homedoor［二〇一四］、『2013年度年次報告書』
特定非営利活動法人Homedoor［二〇一五］、『2014年度年次報告書』
内田義彦［一九五三］『経済学の生誕』、未來社
内田義彦［一九六一］『経済学史講義』、未來社
内田義彦［一九八一］『作品としての社会科学』、岩波書店
Williamson, O.E.［1975］*Markets and Hierarchies: Analysis and Antitrust Implications*, Ｏ・Ｅ・ウィリアムソン、『市場と企業組織』、浅沼萬里、岩崎晃・訳、［一九八〇］、日本評論社
山崎亮［二〇一一］『コミュニティデザイン』、学芸出版社
米澤亘［二〇一一］『労働統合型社会的企業の可能性——障害者就労における社会的包摂へのアプローチ』、ミネルヴァ書房

［ウェブサイト］

内閣府ＮＰＯホームページ［2015］『我が国における社会的企業の活動規模に関する調査』（https://www.npo-homepage.go.jp/toukei/sonota-chousa/kigyou-katudoukibo-chousa・二〇一七年九月一三日最終確認）

認定ＮＰＯ法人Homedoorホームページ［2014］『特定非営利活動法人Homedoor 二〇一三年度年次報告書』、［2015］『特定非営利活動法人Homedoor 二〇一四年度年次報告書』（http://www.homedoor.org/・二〇一七年六月一九日最終確認）

ＮＰＯ法人北海道グリーンファンド（ＨＧＦ）ホームページ（http://www.h-greenfund.jp/・二〇一七年六月二〇日最終確認）

読書案内

新しい働き方と経済学の関係をさらに深く考えていくために

井上義朗

本書のテーマに関連して、さらに検討を進めたい読者のために、本文で取り上げることのできなかった文献のうち、重要なものをいくつか紹介したい。

本書のアプローチは、スミスの学説にひたすら内在するというよりも、スミスの思想が近代的な市民社会の形成にとって、どういう意味合いをもつものだったかを思考の足場にしている。そうした方向へ関心を深めるには、まず何よりも**『内田義彦著作集』**（全十巻、岩波書店）の熟読を薦めたい。内田は、スミス研究、マルクス研究に軸足を置きながらも、西洋の社会科学を日本人が学ぶことの意味について、徹底的に考え抜いた思想家である。内田は、戦後のスミス研究の水準を作ったと同時に、社会科学全般を、日本人が考えるべき問題のなかに置き直すことに貢献した。その多くは、岩波新書で今でも読めるけれども、とにかく一冊手に取ってみてほしい。経済学の懐の深さを、あらためて実感できるはずである。

スミスの思想を、市民社会あるいは近代社会との関わりのなかで捉えようとしたものとしては、その原点ともいえる**高島善哉『アダム・スミス』（岩波新書）、『アダム・スミスの市民社会体系』**（岩波書店）をはじめ、**田中正司『アダム・スミスの自然法学』**（御茶の水書房）、**野沢敏治『社会形成と諸国民の富』**（岩波書店）、**野原慎司『アダム・スミスの近代性の根源』**（京都大学学術出版会）などがある。また、市民社会とはそもそも何かを知るためには、**植村邦彦『市民社会とは何か』**（平凡社新書）が、新書判とはいえ網羅的な知識を与えてくれる。

スミスを、その時代背景とともに捉えたものとしては、その分野の古典ともいえる**水田洋『アダム・スミス研究』**（未來社）、新しいものとしては、**ニコラス・フィリップソン『アダム・スミスとその時代』**（白水社）、**高哲男『アダム・スミス』**（講談社選書メチエ）などがある。

また、スミスの学説を端的に、かつ見事に整理したものとして、**堂目卓生『アダム・スミス』**（中公新書）は必読の一書である。

本書は、古典と現代をつなぐキーワードの一つとして、「競争」という概念に着目したが、「競争」概念をちょくせつ検討の対象にしたものはまだ少なく、さしあたり拙著**『二つの「競争」』**（講談社現代新書）をあげておく。スミスの時代におけるエミュレーションの意味合いに触れたものとしては、**I・ホント『貿易の嫉妬』**（昭和堂）が重要である。競争概念の多様性は、今日の反独占政策にも影響を及ぼしており、これについては**村上政博『独占禁止法（新版）』**（岩波新書）が参考になる。ただし、競争の本質について考えるためには、いまだに、**J・ホイジンガ『ホモ・ルーデンス』**（中公文庫）の熟読に勝るものはない。

社会的企業について理解を深めるには、背景にある社会的排除／包摂をめぐる問題を知る必要がある。**湯浅誠『反貧困』**（岩波新書）、**岩田正美『社会的排除』**（有斐閣）、**阿部彩『子どもの貧困』、『子どもの貧困Ⅱ』**（ともに岩波新書）、**本田良一『ルポ生活保護』**（中公新書）、**飯島裕子・ビッグイシュー基金『ルポ若者ホームレス』**（ちくま新書）などは、いずれも必読の文献といえる。また、**橋本健二『現代貧乏物語』**（弘文堂）は、現在の貧困の現状・原因・対策について、コンパクトな概観を与えている。さらに、**P・ロザンヴァロン『連帯の新たなる哲学』**（勁草書房）は、この問題に向き合うときの思想を知るうえで、欠かすことのできない一書である。

社会的企業については、社会的企業の草分けとも言える、グラミン銀行の創始者**ムハマド・ユヌス**による**『ソーシャル・ビジネス革命』**（早川書房）が、その原点にある思想を教えてくれる。社会的企業の実例を伝える本は今や相当の数に上るが、アイデアを中心に、数多くの事例を伝えるものとして、**００編『シビックエコノミー』**、**紫牟田伸子・フィルムアート社編『日本のシビックエコノミー』**（ともにフィルムアート社）**グリーンズ編『ソーシャルデザイン』、『日本をソーシャルデザインする』**（ともに朝日出版社）などがある。これらの本を読んでいると、自分にも何かできそうな気がしてワクワクしてくる。

また、本文でも触れたように、日本の社会的企業は、今のところ、その大部分がNPO法人のかたちで営まれているので、NPOについての基礎知識も本来必要になる。**雨森孝悦『テキストブックNPO（第二版）』**（東洋経済新報社）、**澤村明・田中敬文・黒田かをり・西出優子『はじめてのNPO論』**（有斐閣）は、NPO全般についてわかりやすく解説しており、社会的企業への言及もある。

その他、社会的企業に関連の深いものとして、BOP（Base of Pyramid）経済の発展に取り組む民間事業体の活動がある。たとえば**国連開発計画**（UNDP）**編『世界とつながるビジネス』**（英治出版）、**A・ニコルズ、C・オパル編著『フェアトレード』**（岩波書店）などを読むと、世界の貧困問題に取り組む社会的企業の活動を、垣間見ることができる。

あとがき

『国富論』研究は、日本の経済学史研究において、もっとも蓄積の豊かな、また高度な内容を持つものである。その研究史は、そのまま日本の社会科学の歴史を物語るものであり、それでいて、今現在においても、若い研究者が後を絶たない、稀有な研究領域をなしている。これは、マルクス『資本論』、ケインズ『一般理論』においてすら、なかなか見かけられなくなった光景である。本書の、『国富論』に対する理解も、そうした膨大な研究史に支えられたものである。

本書に、何か新しい試みと言えるものがあるとしたら、それは『国富論』を、資本蓄積論というメインストーリーのなかで読むことを敢えてせず、『国富論』のなかに、現代の「働き方」、現代の「企業」のあり方を相対視する視座を探るという、特定の問題意識の下で読んでみたという一事に尽きる。その意味で、本書はけっして、正統な学史研究書ではない。この問題意識に、何ほどかかたちらしきものを与えることができたかどうか。それは、読者諸氏の判断に仰ぐしかない。

筆者は、古典とは「古典」というその地位において、評価されるべきものではないと思う。古典は、歴史のなかに定位置を得るべきものではなく、あくまで現代に身を置いて、そのなかで「古典」としての役割を担うべき存在だと考えている。今現在への問題意識を持たずに古典を読むこと、今現在のことを忘れることが客観的な研究の条件だとするような理解は、古典を尊重しているようで、じつは古典の生命をもっとも危機に晒すものだと思う。

また、「現在」という時代も、同じ現在の尺度だけで判断しようとすると、どうしても、肯定的な方向へ流されるきらいがあると思う。人は、自分が育ってきた時代、今生きている時代を、わるい時代とは思いたくない。じっさい、どんな時代でも、よく見ればかならずいいところがあるものである。しかし、それだけでは、何か大事なことを見逃してしまう。どの時代にも属さないが故に非現実的に見える理論を、あるいは、現在とは違う時代に書かれたが故に違和感を与える古典を、敢えて自分の時代に置いたときに見えてくる風景は、かりにそれが酷いものであったとしても、無視してはいけない、現在の客観的な風景なのだと思う。

そうした問題意識から、本書は、古典としての『国富論』と現代の「社会的企業」を、敢えて関連づけて読むという試みを行った。いささか無謀な試みであることは承知しているが、筆者は、社会的企業を、その社会的な役割や意義という側面以上に、これからの時代の新しい「働き方」として、あるいは新しい社会参加の仕方として捉える必要を以前から感じており、それがふと、『国富論』が一八世紀の時代に向けて発したメッセージと似ていると思えたために、議論の半分以上をまだ直観に頼らざるを得ない段階にあることを自覚したうえで、敢えて一文を草してみた。

社会的企業という存在を遅まきながら知ったのは、リーマンショック直後の、経済の現実と言説がともに大きく動揺していたときだった。戦後最長の経済成長と言われていたものが、いざひっくり返されてみると、そこには年越し派遣村に象徴されるような、格差と貧困の現実が隠されていたのだった。これが日本なのかと、世の言説もいささか混乱を見せるなかで、何かの拍子に「社会的企業」という言葉を耳にしたのだったが、なぜかその瞬間、これは一過性のものでは終わらないという強い直観を持ち、以後、細々とながら、自分なりに本や論文を読みながら、社会的企業について考えてきた。社会的企業は、経営学やNPOの研究者による論考は多いものの、なぜか経済学の立場から論じたものを見かけることが少なく、しかし、これは何より、市場経済の意味を変えるかもしれないほど、重大な意味を持つものなのだから、いずれ機会があったら、自分なりの意見を述べてみたいと考えていた。今回、こうした機会をいただいたことは、筆者にとって望外の喜びであった。

本書で取り上げた二つの社会的企業は、すでにその実績が広く認識されていることから選んだものだが、筆者自身も、大学のゼミ生と一緒に訪問させていただいたことがあり、そのときの経験が忘れがたいものであったことから、取り上げさせていただくことにした。もとより、事前にご相談もお断りもせずに執筆したものなので、記述内容に関わる責任はすべて、筆者一人に帰するものであることを、ここで改めてお断りしておきたい。

本書の執筆は、フリーの編集者である、中西豪士氏からのお声がけによるものである。筆者は、一九世紀末以降の経済理論と経済哲学を専門にしているので、「『国富論』を使って、日本の新しい働き方について、一冊本を書いてほしい」と言われたときには、正直、とまどいを感じたのだが、中西氏の強い意欲と明確な問題意識を伺っているうち、ムラムラと自分でもその気になってしまったのだから、われながら驚く。それでも、その後は悪戦苦闘、七転八倒の連続であって、中西氏の励ましとしなやかな対応がなかったら、この一冊、とうてい書き上げられなかったことと思う。改めて感謝申し上げたいと思う。

本書の第4章の内容は、野沢敏治主催「内田義彦を読む会」での口頭報告に一部基づいている。また、本書の執筆には、科学研究費「基礎研究B：利己心の系譜学」から一部助成を受けている。それぞれ記して感謝申し上げる。

さらに、社会的企業をめぐる論考については、筆者のゼミナールに参加している学生諸君との議論が、ほとんどその母体をなしていると言ってよい。社会的企業をゼミのテーマに含めたのは二〇〇九年度が最初だが、以後年々のゼミ生との討論がなかったら、専門外の領域において一文を草する勇気など、とうてい出てこなかったと思う。ここに一人ひとり名前をあげることはできないが、本書は誰よりもまず、歴代のゼミ生諸君に捧げたいと思う。

本書の考察は、以上である。今回の論考を元に、これからも、古典と現代の往復運動を繰り返しながら、新しい時代の市場経済のあり方について、考えていきたいと思う。

二〇一七年九月

井上義朗

井上義朗（いのうえ・よしお）

1962年、千葉県生まれ。

千葉大学人文学部卒業。京都大学大学院経済学研究科博士後期課程修了。

経済学博士。現在、中央大学商学部教授。

著書に、『「後期」ヒックス研究 ── 市場理論と経験主義』（日本評論社、1991年）、『エヴォルーショナリー・エコノミクス ── 批評的序説』（有斐閣、1999年）、『二つの「競争」── 競争観をめぐる現代経済思想』（講談社現代新書、2012年）、『読むミクロ経済学』『読むマクロ経済学』（新世社、2016年）など。

いま読む！名著
「新《あたら》しい働《はたら》き方《かた》」の経済学《けいざいがく》
アダム・スミス『国富論』を読み直す

2017年10月15日　第1版第1刷発行

著者　井上義朗
編集　中西豪士
発行者　菊地泰博
発行所　株式会社現代書館
〒102-0072　東京都千代田区飯田橋3-2-5
電話 03-3221-1321　FAX 03-3262-5906　振替 00120-3-83725
http://www.gendaishokan.co.jp/
印刷所　平河工業社（本文）　東光印刷所（カバー・表紙・帯・別丁扉）
製本所　積信堂
ブックデザイン・組版　伊藤滋章
校正協力：高梨恵一
　ISBN978-4-7684-1011-0
定価はカバーに表示してあります。乱丁・落丁本はおとりかえいたします。

活字で利用できない方のための
テキストデータ請求券
『「新しい働き方」の経済学』